成功へのストーリーが

見える、伝わる！

事業計画書

のつくり方

公認会計士 三浦 太 Masaru Miura

三笠書房

はじめに

事業計画書は、人によってその必要性に対する評価が180度変わる傾向があります。ある人は「全く不要」といい、ある人は「とても重要」といいます。なぜ、これほど評価が分かれるのでしょうか。

事業計画書は作成する前提や作成方法が人によってさまざまであり、必然的に出来栄えにも大きな差が出るからだと思います。時間をかけずに表計算ソフトなどを使えば、一日もかからず完成できるでしょう。一方、今後の経営に役立つものにしたいと思えば、2カ月かけても完成しない場合もあります。

要するに、事業計画書に対する考え方の違いなのです。

本書は、後者を目指す方々のために書き下ろしたものです。皆さんが作る事業計画書を、ほかの人が一読すれば事業の成功が見えてくる。そんな事業計画書になるように、考え方や作り方をまとめてみました。

事業計画書を必要としている人、待っている人が読めば、事業展開のストーリーが容易にイメージでき、実際に事業を進めていくための羅針盤になる。そのような、役立ち感たっぷりの事業計画書を作るには、「何をどう書けばよいのか」を細部にわたって説明しています。

前半の【PART 1】では、事業計画書を今後の事業ストーリーとして描くことの重要性をお伝えし、事業ストーリーはどうあるべきか、どうまとめるのかを理解していただきます。実際に事業を進めていけば、描いていたストーリーを阻むハードルやカベと戦わなければならない場面も現れます。それをどう乗り越えていけばよいのかも、盛り込んでいます。

事業ストーリーが決まると、実務上はプロセスも結果もすべてが財務数値として表されることになります。当然、決算書や経営指標を読んで理解する力が求められます。「苦手だから数字は省きたい」なんて避けていると、事業計画書はつまらない無用のものになるのです。

事業計画書を描くには、どうしても一定の計数感覚を身につける必要があります。そこで、決算書の構造や決算書を分析する経営指標をわかりやすくまとめました。この部分の読み込みを避けず、ふんばって理解していただければ、事業計画書を作成する基礎が身につきます。

後半の【PART 2】では、事業計画書を作り、有効活用するためのヒントを7つのステップに分けて説明しています。何が重要で、どういった段取りが必要か、順を追ってお伝えしていきます。

本書を読み終わる頃には、事業ストーリーをとことん検討できる思考回路に変わっていることでしょう。本書に示した事業計画書の作成プロセスを実践していくことは、結果として、「自社の戦略と戦術を真剣に考えられる人」になることを意味しています。学者やコンサルタント、ＭＢＡの書籍を読み漁らなくても、いつの間にか、戦略的思考が身についているに違いありません。

経営に関する書籍は、実際に成功した事例、または失敗した事例を分析してまとめたものが大半です。それはそれで、経営に役立つ一定の効果はあります。

しかし、実際の事業を展開していく際には、ケーススタディどおりには絶対に進みません。ケーススタディと自社の事業基盤や経営環境には、大きな差があるからです。

本書では、成功へのストーリーを目指すためには何をすべきかをわかりやすく示し、他社のケーススタディではなく、自社のストーリーのあり方や考え方を見つけていただくことを願って書き進めました。

【PART 2】では、事業計画書を作成する際に、財務とマーケティングの視点が重要であることを強調しています。本書全体として、マーケティングの視点から事業全体のストーリーを財務の視点から把握して事業計画書を作っていただくことを想定して構成しました。そのうえで、予算管理の手法を活用して計画と実績を比較検討し、次の経営的な活動につなげていく流れを最後に説明しています。

事業ストーリーは、経営者のひょんな夢から始まっていることが多いものです。その夢が夢で終わるのか実現するのかは、ビジョンと仲間作り、チーム作りが岐路になります。

ビジョン作りと仲間作りがうまくいけば、結果はついてきます。どうすればそれがうまくいくのか、その成功ストーリーを詳細に描いたツールが事業計画書にほかなりません。事業計画書は、頭に描いていた夢へのストーリーを着実に現実化する唯一の武器といってよいでしょう。

本書を活用していただくことによって理想的な事業計画書が作成でき、自社の事業が成功への確実なステップを歩み始める。あるいは、うまくいかなかった新規事業が事業計画書にストーリーを描くことによってうまくいき始めた……そんなご報告をいただければ、私にとってこのうえない喜びになるでしょう。

公認会計士　三浦《みうら》　太《まさる》

PART_1 【基本編】

事業計画書を事業ストーリーで描く！

CHAPTER 1 事業計画書にはストーリーが必要だ！

CHAPTER 2 事業ストーリーをトコトン考えよう！

CHAPTER 3 事業ストーリーを実現させるヒント

PART_2
【作成編】

7つのステップで完成させよう！

STEP 1 経営理念と事業コンセプトがストーリーの骨格

STEP 2 経営環境で事業ストーリーが変わる

STEP 3 ストーリーの骨格となる事業基盤を固める

STEP 4 魅力あるストーリーを実現させるポイント

STEP 5 事業ストーリーをシミュレーションする

STEP 6 事業ストーリーのアクションプランを作る

STEP 7 事業ストーリーを具現化する予算管理のやり方

編集協力／奥平 恵
本文基本デザイン／髙橋明香
本文DTP／フォレスト

PART_1

【基本編】

事業計画書を事業ストーリーで描く！

「この新たな事業展開によって、わが社が変わる!」と、社員たちに大いなる期待を持たせるのが、1本のストーリーを軸に描かれた事業計画書。実現後の姿が見える、みんなが一丸となる、途中で方向性を誤る心配もない……さて、どんな事業計画書なのか。

CHAPTER_1

事業計画書には
ストーリーが必要だ!

事業計画書は「そんなもの必要ない」のか？

「事業計画書？　そんなもの必要ないよ。とにかく行動さ。悠長に事業計画書なんか作っている暇はないな」

ある中小企業の社長さんにこう言われたことがあります。同感する方も少なくないかもしれません。おそらく、中小企業の社長さんの多くは同じような考えを持っているのではないでしょうか。

事業は日々刻々と動く経済社会の中で営まれていますから、事業計画書を作らなくてもおのずと何らかの結果が出ます。運がよければ、大儲けすることもありえます。しかし、そうした成功体験は「たまたま」の域を出ません。

造れば売れた高度成長時代なら、思いつきで始め、やみくもに行動していった事業が大成功し、会社を大きく成長させた例はありましたが、もう遠い昔の話です。

事業計画書なき事業展開は羅針盤のない航海のようなもので、立ち上げた事業がどう展開していくのか、目標はおろか方向性すらわからないまま「風任せ」で動いていることになります。

さまざまな分野で変化が著しい今日の時代、現在の経営環境がいつまでもそのまま続くことはありえません。たとえば、着手した新事業が好調にスタートしたとしても、環境が一変したことによってたちまち赤字事業に陥ることは十分ありえます。

と、私が言うと、「だから事業計画書なんか作っても意味ないでしょ」と、社長さんから必要性を否定されてしまうのですが、著しく変化していく時代だからこそ事業計画書という羅針盤が必須になるのです。

事業計画書が果たす大事な役割

羅針盤の内容は業種・業態や個々の会社の事情によってさまざまですが、共通するのは根幹に置かれるべき「経営者の思い」です。

事業計画書を否定する社長さんたちも、事業を興した創業時には誰にも負けない熱い思いがあったでしょうし、新しい事業を計画しているなら、その事業に対する強い思いや確信があるはずです。

そうした思いは、経営者の心の中にしまっておけばよいというものではありません。いうまでもないことですが、事業は経営者や経営企画室などが単独で進められるものではなく、多くの実践メンバーや協力者が必要になります。新事業であれば、しっかりしたプロジェクトチームを結成して進めていく場合もありますし、社内だけではなく外部のスペシャリストなどに参画してもらうケースもあるでしょう。

規模や業種にかかわらず、どんな事業も立ち上げ前から複数の人間が関わってきます。人が関わらない事業はありません。


そこで目を向けなければならないのが、関わる人たちの気持ちです。とりわけ社員として具体的な仕事を担う実践メンバーの気持ちが重要になります。

実践するメンバーがそれぞれ勝手な思いで仕事を進め、目指すべき目標もはっきり把握していない状態で、事業がうまく進んでいくでしょうか。

要は、みんなが同じ方向を見つめ、同じ気持ちになってさまざまな仕事を実践していかなければ事業は成り立たないのです。

そのために大きな役割を担うのが事業計画書にほかなりません。私は、事業計画書なき事業はもはや成り立たないと確信しています。高度成長期やバブル経済下のように「たまたま成功する」時代は、もう来ないと断言します。

理解と思いを共有するために

実践メンバーや社内外の協力者が新事業をどう捉え、どういう覚悟を持って関わるかは、事業の成否を決します。

新事業を成功に導いていくには、それぞれが事業の中身や目指すところを誤解することなく理解していること、経営者やプランナーの事業に対する思いを共有していることが必須になります。

事業を理解し、思いを共有するためには、共通のツールが不可欠です。事業計画書は、まさにその大事なツールになるのです。

事業計画書は「事業に対する理解と思いを共有する最も重要なツール」と覚えておいていただきたいと思います。小さな会社だからとか、環境変化が激しいからといった理由ではしょっていいものではなく、すべての事業には計画書が必要なのです。

実践メンバーや外部協力者など事業に関わる全員が同じ理解、同じ思い、同じ覚悟を共有していなければ事業は成功しません。このことは、事業の規模や業種を問わず成功するための絶対条件といえます。

とくに、当初から事業拡大を目指すなら、社内外の賛同者を増やすことが不可欠です。賛同者が「この事業は他社と何かが違う。独自性が強く魅力的だ」と感じれば、熱い協力者になるかもしれません。

社内に目を向ければ、社員が新事業に意義を感じ、「みんなでこの事業を盛り上げていこう」という機運が盛り上がっていくでしょうし、「私も何らかの形でこの事業に参画したい」と手をあげる人も出てきます。

社外の協力者を含め、積極的な賛同者が1人、2人と増えていけば新事業の中身を十分かつていねいに説明する必要が出てきます。事業計画書はこういうときに、きわめて有効なツールになるのです。

ストーリー性が必要なわけ

事業を計画する着想から成功の着地点まで、川の流れのようにすべてがつながって動くべきです。川上から川下まで、時に静かに、時に激しく流れていきます。

想定外のカベにぶつかることもあれば、嵐のような難局に直面することもあるでしょう。事業を取り巻く環境は、常に変化しています。事業計画書には、そうしたさまざまな状況変化への対応をも織り込みます。

新事業に高い関心を示す人は皆、成功したときの素晴らしい景色を脳裏に描きます。一瞬でも素晴らしい景色が見えるから、尋常ではない興味を持つのです。会社の事業全体を対象にした事業計画書ならば、なおさらです。

自分の会社が数年後に大きく変わるような事業計画書ともなれば、関心を持たない人はいません。社員一人ひとりが「新しいステージでもっと活躍できる」と思えるような事業の計画であるならば、ワクワクしてくることでしょう。

自分の頭の中に素晴らしい景色が見えれば、その景色に到達するまでにどういう道のりを歩むのかをイメージします。

「あの素晴らしい景色は容易なことでは実現できないはずだ。どのようなプロセスで実現するのかな？　本当に実現するのかな？　実現までのシナリオを知りたい」

という具合です。

そうした興味に応えるには、プロセスの節々を断片的に示すだけでは足りません。成功までの流れが途切れずに描かれたシナリオ、すなわちストーリー性のある計画を示すことが必要なのです。

計画している事業によって会社の将来の姿が大きく変わる可能性があるならば、なおさらストーリー性が重要になってきます。

会社の将来の姿をイメージでき、そのイメージを実現するためのプロセスが1つのストーリーになっていれば、新事業の実践メンバーだけではなく、幹部も含めて関心の高い社員たちが喜んで読むことでしょう。

協力会社など社外の関係者に説明する場合はどうでしょうか。ストーリーによって事業展開がリアリティーをもって見られ、絵空事ではないという印象を与えますし、「ぜひ協力したい」という意欲的な賛同も受けやすくなるはずです。

ストーリー性のある事業計画書の威力

ストーリーといっても、小説ではないのですから夢のような話で構成するわけにはいきません。あくまでも会社の事業の流れを計画するのであり、リスクもあるのですから、予定する確実なファクト（事実）によって構成する必要があります。

具体的には、次のようなストーリーの骨格を強調すべきでしょう。

［事業計画書に盛り込む骨格］

- 会社として何を目指しているのか？
- ヒト・モノ・カネとして何が必要で、どう手当てすれば事業が成り立つか？
- 事業の展開でどの程度の業績を実現するのか？
- 他社と異なり、どのような独自性があるか？
- 今までとは違う、何か魅力的な事業といえるものであるか？
- 事業成果が何らかの形で社会貢献にも結びつくのか？

これらの要素を社長または実践を担うプロジェクトリーダーが、社員や社外の協力者など、関係者みんなの前で繰り返し語れることが重要です。さらに、同じことを事業計画書という形でわかりやすく、ストーリー性を持って描ければ万全となります。

口頭の説明では熱い気持ちが伝わっても（それも、とても大事なことではありますが）、内容を繰り返し確認することはできません。そうなると、事業内容の理解と覚悟にズレが生じ、関係者みんなが同じ理解、同じ覚悟を共有することが危うくなります。

事業の中身を描いた事業計画書というツールをみんなが持ち、繰り返し確認できるようになっていれば理解のズレや誤解は生じません。その事業計画書にストーリー性があれば、事業の中身を正しく理解するだけではなく、一人ひとりの興味や関心が深まり、関係者みんなが事業に対して高い意欲を持つこともできます。

また、会社の柱になるような新事業を計画する場合、資金調達が必要になるのが普通ですから、調達先の金融機関などが興味を持ち、融資に積極的になるような事業計画書を見せたいものです。ストーリー性のあるわかりやすい事業計画書は、そんなニーズにも応えられるのです。

経営上の大きな3つのメリット

事業計画書で会社のストーリーを描くと、経営の役に立つことがいろいろとあります。

その中でも、次の3点は経営上の大きなメリットとしてあげられます。

① 実現できるかどうかを予測しやすい

1つ目は、社長が今後の事業展開として考えていることを実際に実現できるかどうかについて、客観的にストーリーとして見立てることができる点です。

たとえば、事業計画書の中で会社の今後のストーリーをすべて数値化することで、事業に対する社長の考えが売上や利益にどう影響するかを見ることができます。この経営状態の見える化は、将来を予想した決算書そのものです。

社長が会社の将来をストーリーとして見据えているのかを端的に示すものになるので、その数字の見立ては今後の経営で実践していく数値にほかなりません。事業計画書が会社の将来のストーリーとして経営の道しるべ、全社共通の羅針盤となります。

その際に十分考慮すべきは経営環境であり、会社の今後のストーリーは、経営環境に大きく左右されることに留意すべきです。そのうえで、ストーリーについて積極策とすべきか、現状維持とすべきか、消極策を取るか、戦略と戦術の選択をする必要があります。

しかし、事業計画書の中で会社の今後のストーリー展開を幹部や社員たちに漠然と説明しても、実際の行動にうまく反映できません。

そのため、具体的に各部門・各担当者の行動指針と数値目標を明らかにし、計画数値と実績の比較検討を行うことになります。そして、改善点と対処すべき課題を探り、改善策を立案・実行することで、ストーリーに沿った事業展開を徐々に具現化していきます。

② 全社一丸になりやすい

2つ目は、事業展開をするうえで全社一丸になりやすいというメリットです。社長が思い描くように組織を動かすために事業計画書は不可欠であり、事業計画書を通して事業の方向性を明確にして、組織が動きやすくすべきです。

たとえば、数十人規模の会社なら、社長自ら小まめに指示をし、社員を思いどおりに動かせるかもしれませんが、会社規模が大きくなり、さまざまなスキルや背景を持った多くの社員が社内で動き出すと、社長が全員と接しながら事業ストーリーを具現化するのはむずかしくなります。

一般的に、多くの社長は事業計画書がなくても事業展開を予想でき、的確な指示を現場に出せると思いがちです。しかし、社長の頭の中にある事業ストーリーをすべての幹部や社員にうまく伝えるのは至難の業です。実際、多くの会社で苦労しています。

そこで、まずは社長の方針を伝えたうえで、現場の各部門にも計画を検討させて、それらの意見を集約して事業計画書に反映させます。

このことによって事業計画書に現場の声が反映され、現場がイメージしやすいストーリーになります。そして個々の社員たちが行動しやすくなり、結果として達成する可能性が高まります。

③　方向性を間違わずにストーリーを実現しやすい

3つ目は、実際の行動実績が計画と乖離《かいり》した場合、速やかに軌道修正すべきかどうかが判断できることです。方向性を間違えて深い傷を負うことが少なくなり、事業ストーリーを実現しやすくなります。

通常、成功シナリオを描いたストーリー展開をダイナミックに行うためには、多くの人、設備、資金が必要ですが、立ち直れないような大きな失敗は無駄に経営資源を使うので避けなければいけません。

事業計画書を作る段階で想定していなかった事態が生じたら、早い段階でタイミングよく軌道修正をすれば大きな痛手を負わずにすみます。

事業計画書で立てた仮説に対する実行結果を検証し、改善すべき事項を検討し、見直した次の行動を全社で実行することを短い期間で繰り返す。このような対応によって、大きな失敗を招かないようにし、事業計画書で描いた事業ストーリーと大きく乖離していくことを少しでも防ぎながら事業をすることが肝心です。

面倒でも事業計画書を作るべき、7つの理由

冒頭で触れたように、「事業計画書をいちいち作るのは面倒くさい」、また、「作ったとしても実践で役立ちそうにない」と思う社長さんが少なからずいらっしゃいます。そのような本音を持つ社長さんにあらためて強調します。

ストーリー性のある事業計画書は、そう思っている社長さんにこそ必要なのです。なぜ必要なのか、なぜ苦労して作り上げなければならないのかという素朴な疑問に答えるために、あらためて整理しましょう。まとめれば、次の7つの理由に絞られます。

① 社長が思い描く夢や構想をストーリーにまとめられる

社長は社員を鼓舞するリーダーです。その際に、社員みんなをまとめる旗印として将来の夢や構想が必要になります。

ストーリー性のある事業計画書は、その夢や構想を社員たちにわかりやすく伝えることができます。

社長自身が本当に何をやりたいかを整理し、その夢や構想を織り込んで事業計画書を作

れば、社長の気持ちが社員たちに伝わっていきます。その事業計画書に会社としての経営理念を盛り込んだうえで、事業コンセプトや事業の流れを明確に示すのです。

事業計画書を作る過程では、「社員たちと一緒に考える」というシーンも作りたいものです。とはいうものの、ある程度の規模になれば、「全社員と一緒に」というのは事実上むずかしいでしょう。

であれば、幹部に加えて各部門を代表する社員を指名もしくは希望によってピックアップし、一緒に考える形を作る方法もあります。いわば「事業計画プロジェクト」を組織するようなものです。

戦略と戦術をみんなで考えること自体が非常に重要であり、結果的に社長の頭の中を整理整頓できるとともに、社長の夢や構想を実現するために何をすべきか、幹部や社員たちも理解しやすくなります。

こうした社員を交えた立案プロセスが実現すれば、社員にとって自分たち一人ひとりがやるべきことをイメージしやすくなりますし、各自が一定の目標を立て、計画の実現に向けて自律的に工夫することも可能になります。

なお、みんなで事業計画書を作るときに社長の意向をすべて織り込むと、社員にとっては一二〇％以上の力を発揮しないと達成できない目標になるかもしれません。しかし、人間は見通しをよくしてあげて、ゴールを意識できれば、実力より少し高い目標なら努力によって達成でき、努力の過程で成長していくことにもなるのです。

事業ストーリーをあらかじめ十分に話し合ったうえで、目標を一二〇％に設定し、どのように行動するかを検討して動けば、目標を達成できる可能性は高まります。実際に、事業計画書を作っている中小企業でこのような現実をいくつも見てきています。

② 事業へのさまざまな想いから成功シナリオを描ける

事業計画書を作る際には、従業員、設備、資金などの経営資源はすべて有限であるため、経営判断の選択肢がいろいろ出てきます。当然、それぞれに限度や制約があります。その制約の中で、事業ストーリーをよりよく展開するための成功シナリオをいろいろと想定して描いてみます。

そして、数パターンの計画に絞り、その中で最も現実的で、努力すれば何とか達成できそうな成功シナリオを1つ選択します。もちろん、社員一人ひとりの能力を見極めることも現実的には重要になります。

経営は、やらないこと、やるべきではないことを明確に決め、会社の今後のストーリーに沿って経営資源を集中していくことでしか成功しません。その成功シナリオ作りのためにも、事業計画書を効果的に活用できるはずです。

③ 事業ストーリーをあらかじめ疑似体験できる

事業を始める前に、想定したストーリーをすべて疑似体験できれば、予想していなかったリスクに気づくこともありますし、リスク回避手段を入念に考えておくこともできます。疑似体験によって、実際に事業を進めていく過程でリスクに遭遇しても、早い段階で対処策を実行し、リスクを最小限に抑えることができます。

事業計画書をまとめるまでにさまざまな角度から想定したストーリーを見つめ、事業を伸ばす手段だけでなく、事業が立ちゆかなくなったときに対応する手段もあらかじめ考えておくことは事業を展開するうえでとても大事なことです。

単なる机上の空論と思う人もいるかもしれませんが、机上であれば何回失敗してもかまわないし、その失敗を実践で回避できる可能性が高まります。

ある有名社長になぜ成功したか聞くと、「失敗しても成功するまで事業を続けたこと」と答えました。成功した社長でも全戦全勝はありえず、たとえ失敗しても致命傷にならないうちに創意工夫をすることで事業を続けることができるのです。

したがって、事業計画書を作る過程で、想定したいくつかのストーリーを机上で繰り返し展開してみるべきです。最後に1つの事業計画書にまとめるまでに、知恵熱を出して寝込むぐらいの意気込みで、事業の成長、横ばい、停滞、回復などのあらゆるストーリーを疑似体験し、それぞれの局面での対応策を考え、備えておくことで成功のシナリオを確実なものにしていきます。事業に対する自信にもつながります。

経営環境の変化が激しいのはグローバルな経済社会であれば当然ですが、「だから事業計画書なんか作っても意味がない」のではなく、「だからこそ必要」なのです。

変化に対応できるかどうかは、ストーリーの作成過程でどれだけリスクの疑似体験をしたかによります。

④ 自社独自の経営書、教科書になる

本に書いてあることや世間で見聞きした出来事は、時代背景や当事者の置かれた経営環境の中で起きた結果のため、それらのファクトを自社の事業に応用してもマッチしないことがよくあります。

事業の戦略や戦術を知識として学ぶことは悪いことではありませんが、本に書いてある方法をそのまま実行したり、よその会社の例をそっくりマネたりしてうまくいくケースはほとんどありません。

自社の事業がうまく展開するには、自社の事業ストーリーに沿った独自の戦略と戦術が必要であり、過去の他社事例や経営理論は参考になる部分だけ活用しながら、自社のストーリーに合致する戦略と戦術を編み出していくことが重要です。

しかし、いくらオリジナリティーがあり、疑似体験も数多く行った計画でも、実践に入るとむずかしい問題や予想できなかった事態は起こるものです。そうなったときには、リーダーを中心にみんなで知恵を絞ることになります。

この知恵は、自社にとって貴重な財産にほかなりません。そこには、計画どおりにいかなかった戦略の内容や理由が刻まれています。それをしっかり記録し、後世の人たちが参考になる形で当該事業計画書に付属するものとして保存しておけば、自社だけに通じる立派な参考資料が1つできたことになります。想定外の戒めは必ず将来役に立つものです。

新事業など新しい事業展開を進めるたびにこうした参考資料を保存していけば、自社にとって独自の生きた経営書、貴重な教科書が蓄積されていきます。

⑤ 外部への説明には事業計画書が不可欠

設備投資、研究開発への支出、情報システムの導入・見直しは事業の成長段階ごとに必要になりますが、当然、それには一定の資金確保が不可欠です。自己資金で賄えれば、それに越したことはありませんが、足りない場合、銀行融資、社債発行、第三者割当増資、新規上場による公募増資など、何らかの調達手段を選ばなければなりません。

それらをストーリーに沿ってタイミングよく実行するには、外部に説明するための事業計画書が不可欠であり、具体的にどんな資金使途と業績を予定しているかをわかりやすく記載しなければなりません。

長く安定成長するためには、成長段階別にヒト・モノ・カネをステップアップするストーリー展開が必要です。

その際、社長自身も例外ではありません。会社の成長とともに企業トップの社長自身も成長していければベストですが、企業としての成長スピードが速く、社長の経営スキルが追いつかない場合も多々見られます。

社長の経営スキルに不足がある場合には、成長段階に合った経験や才能を持つ社長を外部から招聘《しょうへい》することも一つの選択肢です。事業計画書を利用して次のステージへの事業ストーリーを説明し、共感を得て優秀な社長候補を獲得するケースもあり得ます。

⑥ 全社一丸になりやすい

事業計画書は、すべての社員、とくに幹部社員が事業ストーリーを理解し、各部門が自律的に動けるツールとしても活用すべきでしょう。

事業計画書がなければ、すべての社員に会社の考え方を浸透させるのはむずかしく、その結果、事業展開が現場任せになり、安定した事業運営ができなくなります。

事業計画書を各部門に示しながら、それらを目標として示し、なぜ実行すべきかを理解してもらい、全社一丸となるようにします。

日々のストーリーの実行は幹部に任せ、社長自身は次代の事業ストーリーを考えるなど、役割分担していきます。社長一人の力には限界があります。

限界を超えて会社を成長させていくには、早い段階から幹部と業務の役割分担をしたほうがいいのです。ワンマンから組織的な経営に変わる節目です。

さらに、会社が大きく成長していくためには、経営幹部だけでなく、社員一人ひとりに事業ストーリーが浸透する必要があります。そのためには社員も事業計画書の中身を理解し、何を自分が担当し、実現に向かって動くのかを自ら考えることが求められます。

幹部および社員一人ひとりが自主的にこうした動きをすれば、事業計画書に描かれた事業ストーリーは確実に実現に向かっていきますし、「みんなで目標に向かって歩む」という前向きな取り組みがいつでもできる会社になっていくことでしょう。

⑦ さまざまな機会に活用できる

事業計画書を使うのは、企業はもちろんですが、ＮＧＯ（非政府組織）、ＮＰＯ（非営利組織）、病院、慈善団体、組合、研究所、学校なども活用しています。一定の目的を持って人々が集まり、物事を運営する組織であれば、効率よく目的を実現するために事業計画書は役に立ちます。

事業計画書の利用者別の使い方と必須内容

利用者	主な利用目的	必須内容	留意事項
銀行、 融資先	新規借入 追加借入 社債発行	資産価値、資金繰り、成長性、社長の資質	急成長よりは安定性を求める
投資家、ベンチャーキャピタル、投資ファンド	第三者割当増資 株式買取 社債発行 株価算定基礎 クラウドファンディング	新規性、独自性、実現可能性、マーケットの創造、マネジメント能力	安定も大事だが、希少性や急成長のほうが期待される
事業の 提携先	包括・部分提携のイメージの共有 新チャネル開拓	安定性、シナジー効果、競合優位、補完関係	提携メリットを感じなければ、一切妥協しない
M&A相手、M&Aアドバイザー	会社の過去・現在・未来をコンパクトに説明 株価算定基礎	過去の実績、市場性、将来構想	自社の強み、事業機会をイメージできなければ話が進まない
重要顧客	長期的ファン作り 顧客拡大	継続性、安定性、品質、将来性	悪い面、その対策も明確にして、将来イメージを共有
従業員	将来イメージの共有 経営理念の理解	安定性、職場環境、将来性	方向性のすり合わせ、各自の必達目標の明確化
内部	事業拡大 新規事業 事業再構築	必要性、実現可能性、将来構想、スケジュール	中心メンバーの選定と期限厳守の進捗管理

どんな組織であれ、活動するためには資金が必要ですから、資金提供者に事業のストーリー展開を説明するのに使う場合もあるでしょう。

提供された資金を有効に使うためには、組織活動に携わるすべての人々がストーリーに沿って一枚岩で動かなければなりません。そこで事業計画書が必要になるというのは、企業の場合と同じなのです。

企業以外の団体も含めて、事業計画書は以上のように活用されますが、いずれにしても事業ストーリーを実現するためには、事業計画書に沿って組織行動を無駄なく効率的に行わなければなりません。

事業ストーリーは、計画的に、昨日よりは今日、今日よりは明日へと一歩ずつよりよい方向に進んでいくことが重要であり、それを実現するツールとして事業計画書があります。

なお、事業計画書を使う主な局面として、利用者別や利用目的別に分類すると前ページの図表のとおりであり、利用者別に事業計画書の内容が少しずつ変わります。

とくに、資金を集めるためには事業計画書が必ず求められます。資金の調達先である銀行や投資家などが納得する事業計画書でなければ1円も得られません。

また、最近は事業提携やM＆Aが当たり前になってきていますが、その際にも事業計画書は必須となります。お互いを理解し合うには、きわめて重要なツールなのです。

長期的な視野に根ざした「最初の1年」

「事業計画書なんて必要ない」と本気で思っている社長さんたちに、私も本気で訴えたいと思います。

長期的な視野で事業を一定の方向に向かわせ、目標を実現させるためには、計画的に事業を一歩一歩進めていくことが不可欠であり、事業計画書はその羅針盤になるだけではなく、うまくいかないときの処方箋になるというメリットもあるのです。

一般的には、外部に示す事業計画書は1年後、長くても3年後くらいまでのストーリーであってもかまいませんが、内部で経営陣が将来のビジョンを検討し、明確にするために作成する場合は、5年もしくは10年程度先まで見通したストーリーが必要になります。

実際に経営理念をベースに事業の目標を立てるのであれば、それを実現していくためには、20年から30年という長期間で事業を考えるべきであり、その長期的な計画に寄り添った最初の年度として1年間の事業計画書を作るくらいの心構えがよいでしょう。

長期的な視野を十分意識した中での当初1年間の事業計画書であれば、20年後、30年後に盤石な地位を築くことを見据えた第一歩という位置づけになります。そう位置づけることによって、短期的な競合他社との局所的なつばぜり合いなどは意識せず、ブレない戦略と戦術を立てることができます。

ただし、今日の環境変化はどの業界でも激しいので、20年、30年という期間は事業の構想としては持つべきですが、行動計画としては長すぎるかもしれません。

したがって、長期的な視野は持ちつつも、できれば5年程度に期間を区切って見通しを立て、中期目標を決め、直近3年間の年度業績予想や具体的な戦略と戦術を目標として定め、アクションプランを練ることを勧めます。

その際、事業計画書には各年度それぞれに**定性的な目標**[*1]と**定量的な目標**[*2]の両方を記載する必要があり、経営理念から導き出される長期的な視野を踏まえたうえで、直近における行動指針を具体的に示しながら数値目標も立てるとよいでしょう。

時代が巡る中、「不易流行《ふえきりゅうこう》」を重視したい

経営理念に根ざした戦略と戦術がないまま、現場を単純に鼓舞して売上を伸ばそうとしてもうまくいきません。たとえば、社長が毎年の売上目標だけを営業現場の管理職に課し、あとは営業現場に丸投げしてしまう場合、過度の成果主義に偏り、現場の雰囲気は最悪になります。

こうした会社は経営理念に基づく企業行動のあり方を考えたり、議論したりしたこ

＊1 定性的な目標

測定しにくいが経営上、説明すべき目標。数値ではなく、顧客満足度の向上、提供するモノやサービスの特徴、経営資源の状況、会社の対処すべき課題、事業リスク、業務提携の強化、社会貢献、M＆Aによる事業拡大などの行動目標で示される。

＊2 定量的な目標

金額・数量などで測定可能な目標。売上高や生産高など、金額や数量として明確にできるものである。

経営で大切な考え方

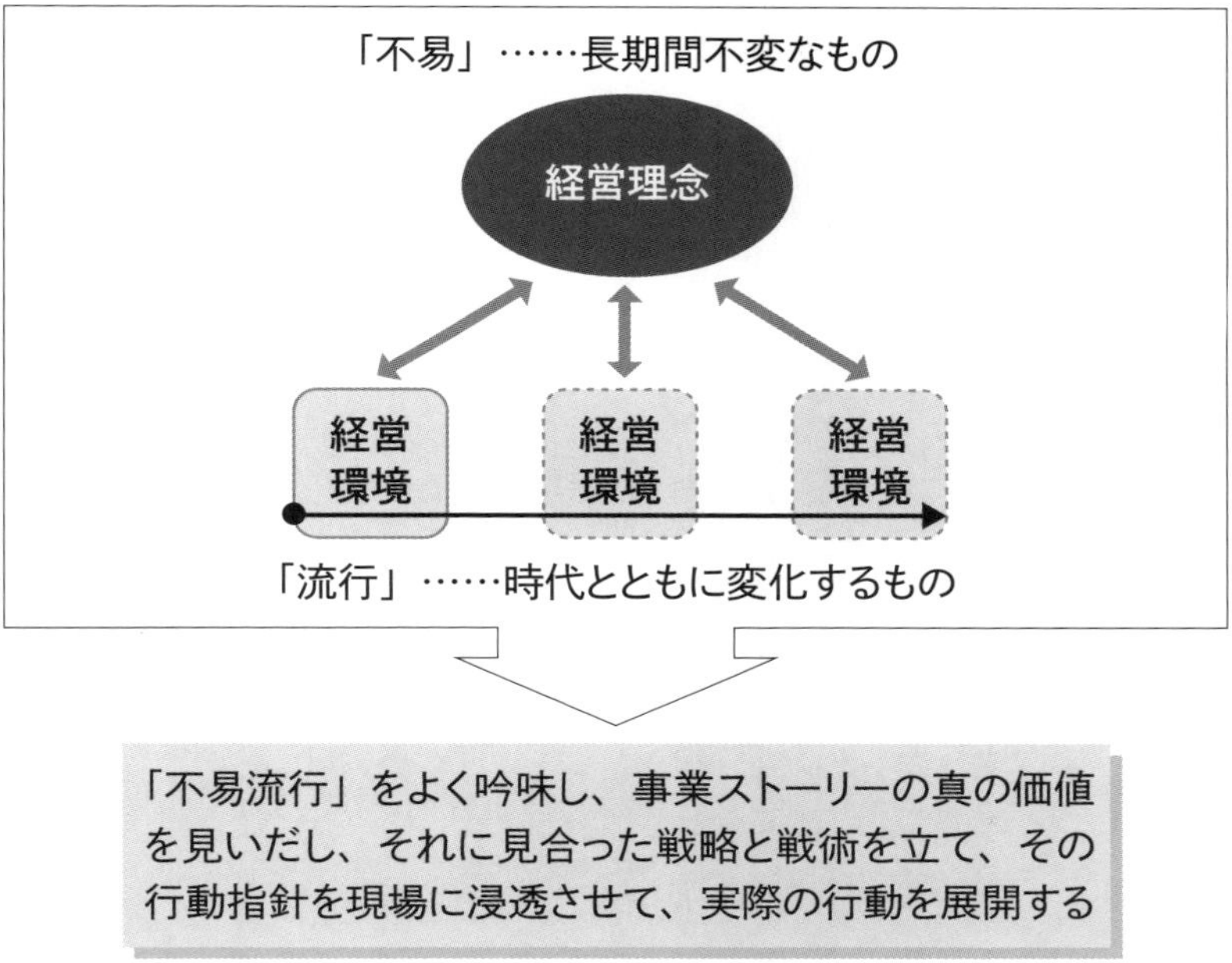
「不易」……長期間不変なもの
経営理念
経営環境
経営環境
経営環境
「流行」……時代とともに変化するもの
「不易流行」をよく吟味し、事業ストーリーの真の価値を見いだし、それに見合った戦略と戦術を立て、その行動指針を現場に浸透させて、実際の行動を展開する

不易流行

松尾芭蕉が説いた俳諧の理念。新古を超越した落ち着きのある変わらない価値として「不易」がある。また、その時々の変化に応じて斬新さを発揮すべきことを「流行」と説く。

新しみを求めて変化していく流行性が実は俳諧の不易の本質であり、不易と流行とは根元において結合すべきである。

経営においても、本質的に変わらない経営理念があるべきで、時代とともに変化する経営環境があり、常にその変化を重ねていく経営環境を踏まえてこそ、経営理念を会社が体現でき不変なものになる。不易は実現すべき価値の永遠性、流行はその実践における不断の変貌。100年企業、老舗企業は経営が変わらないように見えるが、実は不易流行を体現しているために、永続性を手に入れているといえる。

とがなく、社長から示されたこともないため、現場はとりあえず売上を上げようとします。するとと各現場では自己流の営業活動が横行し、会社も「結果がすべて」と考えるので、上司は結果だけで評価することになります。

売上目標を達成すれば高評価が与えられ、達成しないと評価を下げられるため、未達成の社員のモチベーションはどんどん下がり離職が目立つようになります。必然的に最悪の雰囲気の会社になり下がります。そうならないためには、事業ストーリーについて「不易流行」（前ページ参照）を重視すべきであり、ほぼ不変なものとして一貫した経営理念、時代とともに変化していく経営環境、この2点を十分吟味し、そこから導き出した戦略と戦術から具体的な行動指針、行動計画を立てることが経営で大切な考え方です。

みんなが不易流行に基づいた行動指針と長期的視野で作成した事業ストーリーに沿って行動していけば、会社の雰囲気はガラリと変わります。理念も指針も計画も示さず、「とにかく売ってこい」では、会社が成長するわけがありません。

経営理念や経営環境を踏まえた定性的な目標をまず立て、その結果としての定量的な目標もバランスよく打ち立て、首尾一貫した今後のストーリーを描かなければ、会社の真の成長は望めません。

事業ストーリーは「変化するもの」と心得る

仮に5年分の事業計画書をいったん作ったら、計画と実績の乖離が大きくなっても変更すべきではないと思い込む社長さんがいます。しかし、計画と実績の乖離が大きすぎると、比較すること自体に意味がなくなってしまいます。

そもそも事業計画書は、経営理念をうまく具現化するために、現時点から数年後に、会社がどのような状態にあるかを示した会社の将来のストーリーです。

もし、事業計画書を作ってから1年たったときに、実際の会社の姿が事業計画書に示した1年後とかなり違う結果となっていたら、事実を真摯に受け止め、その時点から予想外であった計画について見直しを検討します。

長期的な視野に立って会社の方向性を軌道修正していく一環として、短期的には是々非々で目標の実現可能性を高めるように計画内容を見直すべきです。大きく外れたままの計画見積りは得策ではありません。

事業計画書を作る主旨は、一定の方向に事業ストーリーを導くためなので、計画が外れた場合は実態を極力反映して、フレキシブルに計画内容を見直したほうがよいのです。

いずれにしても、計画と実績が乖離する幅は少ないほうが原因分析もしやすいので、計画見積りの精度を毎年上げていくことは必要であり、新たによりよい見積りプロセスを見いだし、どんどん事業計画書作りのスキルを磨くことを勧めます。

こうした経験を重ねるうちに、経営理念を具現化するために役立つ事業計画書は何かがおのずとわかってきます。

何事もやってみる、そして慣れることが上達の早道です。最初は計画と実績が乖離するのは当たり前であり、その乖離の中身を理解することが次の計画作りのスキルアップにつながるので、あせらずやってみることです。

経営環境の変化をいち早く捉えつつ、今後どのような行動を取ればよいか、数年後にどの位置にいればよいかなどを考えて計画を見積もり、もしも何らかの変化を察した場合は、躊躇《ちゅうちょ》なく計画を追加変更していくべきです。

CHAPTER_2

事業ストーリーを
トコトン考えよう!

まずは「何をやりたいか」を明確にする

「はじめに」でもお伝えしましたが、本書は事業計画書を作る【PART 2】の実務ステップに加えて、事業計画書の必要性や意義など、今日的な視点で事業計画書について理解すべき基本を【PART 1】にまとめています。

その【PART 1】で読者の皆さんにご理解いただきたいポイントを確認しておきましょう。

今すぐに、事業計画書を作りたいと考えている読者の方は、まずは次の点を確認してください。

・今後の事業として何をやりたいか?
・なぜ事業計画書が必要になるのか?
・なぜ事業計画書が以前より重要になってきているのか?
・事業計画書を実現させるための経営資源を具体的に考えているか?
・数字を読み解く力として何が必要か?

この5点を中心にして、事業内容を明確にすることが、いかに大事であるかを腹落ちしていただくように本書を構成しました。

通常、会社としての夢や構想についての成功シナリオを描く際に、事業を立ち上げる人、事業に参加する人、事業を支援する人、事業を見守る人などが存在しますが、成功について最も強く思いを持っているのはもちろん社長でしょう。その社長の思いを周りに拡散することで、賛同者が増え、事業拡大に進んでいきます。社長の思いが強ければ強いほど、賛同者が集まってきます。

こうした強い思いがないまま事業展開しても、事業は小粒に終わるか、横ばいが長く続くか、縮小を余儀なくされるか、あるいは撤退するかの道をたどりがちになります。

社長としての会社の夢や構想がはっきりしていないと経営がブレやすく、会社として無駄な動きが多くなります。当然、右肩上がりの業績にはなりえません。

仮に、事業計画書を形だけ作ったとしても、企業トップとして社長が抱く会社の夢や構想から導き出したものでなければ、数値目標とその結果だけで一喜一憂する稚拙なものになってしまいます。それなら作らないほうがマシです。

夢や構想を経営理念につなげる

したがって、事業計画書を作る前に、まずは会社の夢や構想を揺るぎない経営理念としてまとめ上げ（【PART 2】STEP 1）、全社、さらには外部関係者と共有することが事業を成功に導く最初の大事な一歩になります。

初めから百点満点の経営理念になることは目指さず、数年かけて会社の中で普遍的なもの、絶対的な価値基準にしていくことが可能なレベルならばよいのです。

絶対的な価値基準として社内に確立されていれば、経営環境が変わっても（【PART 2】STEP 2）、経営理念をベースに対応すれば乗り越えられます。変化にどのように対応しても、事業に対する会社の基本的な理念さえブレなければ大丈夫です。

ところで、事業を行っていく中で赤字経営がしばらく続く局面も、成長の途中段階ではありえます。諦めたら赤字で事業が終わります。たとえ、赤字が先行しても、積極的に事業展開することで、将来の安定や拡大につながる可能性もあります。そのときの赤字が、健全な赤字と呼べるものであるかも経営理念を軸に考えれば冷静に判断できます。

たとえば、次のような場合は事業ストーリーに織り込んでも取り返せます。もちろん、そのような厳しい状況になっても、難局を乗り越えられるアクションプランが事業計画書に記載してあれば、という条件がつきます。

●事業計画書に書きたい「取り返せる赤字」

① 現時点で経営成績が良好ではない、または過去の経営成績が右肩上がりではなくても、

客観的に「確実に今後の成長性が見込める」と判断できる場合

② 事業拡大のために研究開発、設備投資、営業などの活動でコストが先行して赤字になっても、その理由が合理的、かつ長期的には利益が見込める場合

③ 今後の成長がすぐ（2、3年程度）に実現できなくても、たとえば、6～10年後に黒字化できる長期的な計画を当初から見込める場合

④ 現在まで利益を計上したことがなく、数年後も赤字が継続するようなときでも、長期的な視点で成長可能性があり、利益の計上が見込める場合

⑤ 月次業績の進捗《しんちょく》状況が思わしくなく、予定していた高い成長可能性や強い事業基盤の前提を脅かしそうなときでも、あくまでも長期的な視点で計画の合理性を確認し、仮に当初計画と乖離《かいり》しても、数年後に足もとの月次業績の進捗状況が好転する経営環境や計画達成を見込める場合

事業ストーリーを社会とのつながりから点検

事業ストーリーが私利私欲に走っているようでは経営も長続きしません。顧客や社会に役立つようなストーリーであれば多くの共感を呼び、選んでもらえる会社となり、結果として永続性を持った経営になっていきます。

よって、事業ストーリーが顧客や社会に受け入れてもらえるかどうかを十分吟味し、そのストーリーに沿って行動規範を集大成した経営理念を作り、経営理念に根ざした戦略と戦術を展開すれば大きな間違いは起きません。

最近の経営の考え方としては、会社として社会との関係を十分考えて事業展開しなければ、本当の意味で収益を最大化できないという考え方が主流になりつつあります。当然、そのことは経営理念に反映されていなければなりません。

一般的には、**CSR**[*3]（企業の社会的責任）とか**ESG**[*4]（環境・社会・企業統治）と呼ばれる考え方です。それらの内容をできる限り意識し、それらに極力対応することで、会社の永続性の確保が見通せるかどうかを判断する必要があります。

見通せれば、事業ストーリーにしっかりと反映しておくことが大切であり、業績向上にも結果としてつながるのです。

しかし、社会貢献につながるといっても当然、慈善事業を行うわけではありません。企業としての事業価値が、CSRやESGとシンクロする部分を見いだして事業展開することで、社会貢献にもつながる

社会に貢献する事業展開

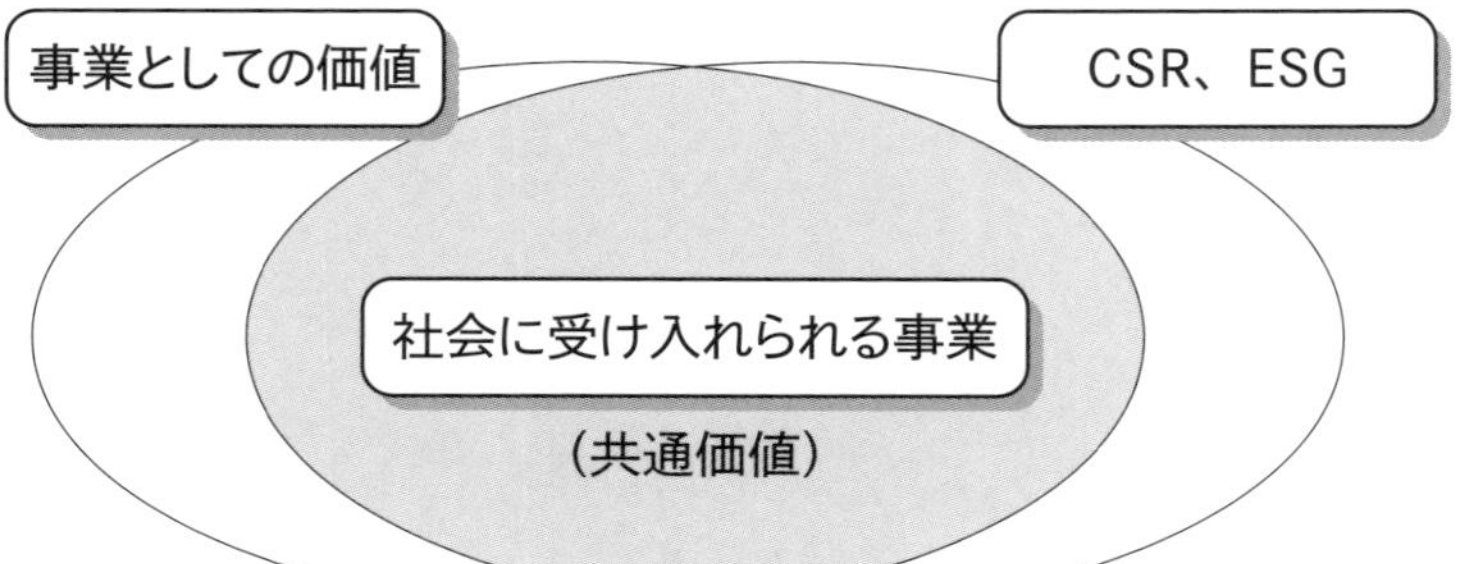

モノやサービスがあるはずです。社会と会社の共通価値を見つけるのです。

場合によっては、現事業のモノやサービスに付加価値を加える結果をもたらすかもしれません。つまり、CSRやESGを意識したほうが対外的な会社の評価も格段に向上する流れを生み出し、業績向上につながる可能性もあるということです。

実際に、CSRやESGに関連した動きをする会社に投資する投資家や投資信託も増えてきているとともに、CSRやESGを重視した会社のモノやサービスを意識して選ぶ顧客もいるため、会社としてCSRやESGに前向きに取り組むことは事業ストーリーを考える際に十分吟味すべきです。

仮に、社会に貢献しない事業展開をする会社が短期的に利益を出しても、長期的には社会や顧客から評価されません。

場合によっては社会から批判を受けて販売不振に陥り、結果として経営が持続できないおそれもあります。一時的に、私利私欲で儲けていた会社が長続きしない例が多いのも腑《ふ》に落ちるはずです。

今後、会社が大きくなっていくに従って、会社が社会に与える影響もいろいろな意味で大きくなっていきます。同時に、CSRやESGに対する影響力も増大していきます。

会社としてCSRやESGの観点を十分に意識して行動することを心がけ、結果と

＊3 CSR

会社の社会的責任のことであり、Corporate Social Responsibilityの略語。会社は、利益追求、法令遵守のみならず、さまざまな利害関係者（ステークホルダー）の多様な要求に対し適切な対応を取ることで社会に貢献していく義務がある。事業をしていく中で、適正な雇用環境や労働条件の実現、消費者への真摯な対応、環境への配慮、地域社会への貢献などの責任を果たす行動といえる。会社が自発的活動として行うべきだが、その活動が社会に受け入れられれば、結果として事業の持続可能性が高まる。

して社会への貢献も大きくなれば、会社は社会にとって不可欠な存在となっていきます。こうした流れを頭に描きながら事業ストーリーを構築し、成功シナリオの実現を目指すのが、ストーリーのある事業計画書を作る究極の意味なのです。

事業ストーリーの流れを決めるポイント

「組織の中で仕えるよりは、いっそ自分で会社を経営したい」と、会社を立ち上げて社長になる人が少なくないと思います。一方で、自分の潜在能力を知らずに、人から背中を押されて社長になる人もいるでしょう。

いずれにしてもその後に、大きく成功する人、まあまあ成功する人、成功しない人に分かれます。その差は何かといえば、一つには、成功シナリオを描いて「何を売りたいか？」と「何を売れば利益が出るか？」をバランスよく考えられるかどうかにあるといえます。

いうまでもないことですが、何かを売りたいと思って事業を始めても、儲からなければ事業は立ちゆきません。

儲かりそうな事業に片っ端から手を出せば経営資源が分散して、どれも中途半端になり、うまくいきません。そして、不採算事業を抱え、経営姿勢について内外か

＊4 ESG

Environment（環境）、Social（社会）、Governance（ガバナンス＝企業統治）の頭文字を取った略語。長期的に安定的な成長を実現するためには、このESGの観点が不可欠である。会社を財務面からだけ評価するのではなく、非財務面からも事業を多面的に評価し、会社が提供するモノやサービスが実際に地域社会および国際社会にとってどの程度の付加価値を提供したのかをESGの観点から分析することが提唱されている。ESGを軽視する会社は、何らかの事業リスクを抱えやすくなり、問題を起こしやすいといわれる。投資家の間では、ESGに積極的に取り組む会社を評価して選定するESG投資が増えつつある。

ら疑問を呈されることになるでしょう。

●マーケットインかプロダクトアウトか

企業は顧客や社会に役立つもの、喜ばれるものという基本路線を貫いたうえで、1本の筋が通った儲かる仕組みを模索しなければなりません。その際、顧客や社会に役立つために何を売るかを見極める場合、**マーケットイン**[*5]と**プロダクトアウト**[*6]という2つの考え方があります。どちらがよいかは経営環境によって異なります。

マーケットインの考え方は、売れるニーズのあるモノやサービスに絞って提供していく方法です。家電製品、生活用品、文房具、雑貨、食品、衣類などが該当し、たとえば、消費者動向調査やアンケートなどでニーズを把握し、顧客がより満足するモノやサービスを会社としてキャッチアップして提供していきます。

一方、プロダクトアウトの考え方は、自社の持つ技術・スキルを活用してモノやサービスを作り、それに合った売り方を考える方法です。会社が企画・開発・製造・営業活動を行ううえで、会社都合（保有する技術・スキルを自社の論理で提供する）を優先する、顧客に役立つモノやサービスを積極的に提案して提供していくやり方といえます。

代表的な例としては、発売するまで世の中になかったIBMのパソコン、ソニーのウォークマン、アップルのiPhone、TOTOの温水洗浄便座ウォシュレット等々は、ま

＊5 マーケットイン

マーケットインは、会社が商品開発・生産・売上活動を行ううえで、顧客や購買者の要望・要求・ニーズを理解して、ユーザーが求めているものを求めている数量だけ提供していく経営姿勢であり、競争相手がいる場合などに適する考え方。顧客は価格のみならず、品質、レスポンス、接遇態度など広範な目線でニーズを持つので、ニーズを重視した売上計画が必要になる。

さしくプロダクトアウトの製品です。

●経営環境の変化を織り込んだストーリーを

これらの考え方を踏まえて、実際の事業ストーリーがどちらの考え方に近いかによって、売り方が決まります。そして、事業基盤のあり方を決め（【PART 2】STEP 3）、事業計画書の成功シナリオを描いていきます。

なお、その際に経営環境（同STEP 2）がどうなっているか、どう変化していくかも考えていかなければなりません。長期的な視点で経営環境を見据えないと時代の変化についていけず、いずれ足もとをすくわれます。

たとえば、業績が好調であれば、競合他社はその儲けを奪えないか虎視眈々《たんたん》と狙っています。その際、こちらの手の内を読もうとして事業の仕組みを徹底的に吟味するはずであり、競合他社が自社よりも経営環境に適応すれば、出し抜かれるおそれがあるので注意が必要です。

したがって、経営環境を競合他社よりもしっかり吟味して、自社と顧客、さらには競合他社との距離感を深読みし、今置かれている経営環境の中で、「何をなすべきか？」「何をすべきでないか？」「何を見直すべきか？」などを見極めて事業の仕組みを磨き、経営環境に合わせて変幻自在に最適な事業ストーリーを考えることが大切で

＊6 プロダクトアウト

プロダクトアウトは、世の中にまだないものを提供する場合などに適する考え方。顧客が喜ぶ、さらには社会に新たな生活や仕事、趣味のスタイルを提案するようなシーズを見つけ出して提供していくため、自社のシーズを反映したモノやサービスを重視した売上計画が必要になる。メーカーは製品を大々的な発表会で披露し、PR・広告宣伝し、初期ユーザーの賛同を得た口コミも織り交ぜて、徐々に世の中に浸透させて新たなマーケットを作り、拡大し、最終的には世の中に当たり前に存在する、顧客にとって不可欠なモノやサービスとして普及できれば成功といえる。

す。経営環境にマッチした会社が、優位な立場を得られるのです。

経営環境に起因して生じる**事業リスク**[*7]があるか、今はなくても将来生じる可能性があるかなどを現実的な1つの事業ストーリーとして考える習慣も、手堅い経営をするうえでは重要です。

そして事業リスクのあらゆる発生パターンを想定し、どう対処するかを会社の今後のストーリーとして徹底的に吟味し、どんな対応ができるかあらかじめ備えておくべきです。どんな会社でも、いつでも事業にリスクはつきものなのです。

近年は、現実に何が起こるか想定しにくい時代なのですが、「自らの事業で不測の事態が生じるとしたら何があるか？」という想像力の有無は事業の浮沈に関わりますので、事業リスクについて全社的に徹底して考えて対応したいものです。


このように、経営環境と事業リスクを調べ上げ、その状況で取るべき成功シナリオを事業計画書に落とし込んでいけば、終始一貫して整理された状態で事業ストーリーを作ることができます。それらの考え方を踏まえて、数字も含めて事業計画書に落とし込めば、合理性と実行可能性が少しでも高まります。

なお、本書の【PART 2】の各ステップを十分吟味しないで事業計画書を作ったがために、意味あるものにできないケースをよく見かけます。事業計画書はこ

＊7 事業リスク

事業上のリスクには、いろいろあるが、事業の継続ができなくなるリスクについて言及すると以下のような事項があげられる。

・財務状態、経営成績およびキャッシュフローの状況の異常な変動
・特定の取引先・製品・技術等への強い依存
・特有な法的規制・取引慣行・経営方針の存在
・重要な訴訟事件等の発生
・役員・大株主・関係会社等に関する重要事項
・その他、事業の継続に重要な影響を与える状況

れらの数字では表せないところを徹底的に考える前哨戦が最も大事であり、事業計画書に記載する数字はそれらを具現化した結果としての数値でしかありません。事業計画書で最初に数字合わせをする愚策は、本書の読者は絶対に回避すべきです。

事業ストーリーを実現させるリソースを点検

事業ストーリーを実際に実現するために必要な経営資源（リソース）が何であるか、その中でも優先順位をどうするかなどを十分検討することも重要なことです。

まずは、ヒト、モノ、カネの中でカネは現状の残高に加え、予定できる金額も合わせて検討する必要がありますが、資金力は限られているので、その資金力の範囲で経営資源にどのように優先順位をつけて手当てし、成功シナリオを考えるかが社長の仕事です。それを間違えると、ストーリーが進みません。

自社の強い部分を強くするのか、弱い部分を補い弱点を減らすのかによっても、経営資源を投入する優先順位が変わります。さらに、事業上の機会や脅威に備えた検討をすると、現状の経営資源の中で数年内に見直したほうがよいものが見えてきて、新たに対処すべき課題も把握できます。

このように、現状の経営資源をどう変えていくのがベストかを十分に考えてから、ヒト、モノ、カネの中で何が重要であるかを判断します。それらリソースを最適な組み合わせとタイミングで投入していくかを決めて、事業計画書にも記載します。

なお、特許をはじめとする知的財産権は、会社を特徴づけるものであり、会社の競争力を高め、業績に貢献することも多いです。

それによって競合他社によるまねのしにくさもわかるので、事業への参入障壁の程度を把握することもできます。

そのため、主な知的財産の内容や差別化要因も事業計画書に記載します。

その際の注意点としては、特許などを取得して公開データにすると、早い段階で競合他社に重要な情報を見られてしまい、キャッチアップされるおそれがある点です。

そのため、そもそも特許を取得すべきか、

知的財産権の内容

特許権	発明と呼ばれる比較的程度の高い新しいアイデアに与えられる権利。「物」「方法」「物の生産方法」の３タイプがある（出願から20年保護）
実用新案権	発明ほど高度なものではなく小発明と呼ばれるものの権利。無審査で登録される（出願から10年保護）
意匠・デザイン権	モノの形状、模様など斬新なデザインに対して与えられる権利（登録から20年保護）
商標権	自分が取り扱う商品やサービスと他人が取り扱うものとを区別するためのマークに与えられる権利（登録から10年保護、更新あり）
著作権	文学、学術、美術、音楽の範囲に属する権利。コンピュータープログラムも含む（創作時から著作者の死後70年、法人著作も公表後70年）
回路配置利用権	独自開発の半導体チップの回路配置に関する権利（登録から10年保護：更新不可）
商号	営業上、法人格を表示するために用いる名称、社名

特許申請せずに内容をブラックボックス化してキャッチアップされるスピードを弱めるかという経営判断も必要です。

仮に、ブラックボックス化した場合には、事業計画書に何も記載しません。

実現できるか否か、自社の実力を見極める

ところで、会社として事業ストーリーが決まっても、実際に実現できるかどうかは能力次第といえます。物事を達成するための自社の実力をどう見極め、何を身につければいいかを理解しておかなければなりません。

自社の実力を見極めるのは、プロスポーツ選手が試合に勝つための考え方と通じるものがあります。

スポーツは心技体が連動して初めて、一流の動きができるといわれます。これは経営にも当てはまると思いますが、少々抽象的でわかりにくいので、スポーツを体得する際に必要とされる4つの能力を紹介しましょう。

その能力の有無や強弱、バランスなどで判断すると会社の良否がわかるとともに、足りない、強化すべき点が見えてきます。

また、部下の人事評価をするときの観点に活用すると人材としてのよい点、悪い点もよ

ブラックボックス化の例

EV カー（電気自動車）を製造・販売するテスラ・モーターズ社や宇宙開発企業のスペースＸ社などの有望巨大ベンチャーの創業者であるイーロン・マスク氏は、先端技術や独自方式を門外不出とし、特許申請を極力せず、自社工場で生産する事業展開をしているため、他社の追随を許さずに業界をリードしている。

く見えてきます。

① 技術論の集積はどうか

ビジネスを行ううえでの一定のスキルを磨き、併せてビジネスパターンを把握し、直感を磨くことです。いくらセンスがよくても、数年かけなければ身につかない能力です。しかし、この能力だけだとマニュアル人間や杓子《しゃくし》定規な人になってしまうおそれがあるので留意すべきです。業界で活躍するための基礎知識の習得は不可欠です。

② 環境を把握する力はどうか

自社の置かれている状況を判断し、さらに競合他社の研究も行い、双方の弱点を整理し、勝つための行動を考えられる能力です。知恵比べといってもいいでしょう。

この能力の大事さに多くの人は気づき努力しますが、研究不足や競合他社が一枚上手で勝てない事例も多くあります。高い意識を持って入念に取り組むことが求められます。

③ 高い運動量とスピードはあるか

実践経験を積むことでビジネスセンスが身につき、ちょっとしたアクシデントも迅速かつ柔軟に対応して乗りきることができる能力です。

この能力は日々淡々とした愚直な努力が必要な面もあるので、実務に真摯に向き合える素養があるかが重要であり、ほかの3つの能力を持っていても、努力を怠る、面倒くさがる、さぼりがち、他の興味を優先する、などが重なるとせっかくの才能を伸ばせない人も多くいます。社長も例外ではありません。

普段の態度ではなく、深層の中に正直さや真面目さがあることが求められます。一人でも多くの社員が高いレベルでこの能力を持ち、実践していると競合他社よりも組織力が増します。競合他社としても、侮れない会社であると意識する根幹になります。

しかし、実践において考えながら一つひとつ体得していかないと過去の経験を十分に生かしきれないので、一朝一夕には実現できない能力です。

実際に、猪突猛進して失策、無策を重ね、経験不足や不具合のある行動が露呈してしまう事例も多いので、苦労が血となり肉となって成功に結びつくには実践を何度も積み重ねる必要があります。若い時は苦労を買ってでもすべきです。

過去の先輩たちのよい経験は実践で活用する、悪い経験は今後起きないように回避策を練る、などの工夫を重ねることで予備知識が増えて組織力がどんどん上がっていきます。

④ 戦略と戦術の立案力はどうか

がむしゃらに努力するだけでなく、競合他社に勝つためには一定の創意工夫やアイデアが必要であり、社長と経営幹部がひたむきに考え抜き、勝つため、負けないための行動指針を全社に浸透させ実行する能力です。

実際には競合他社も必死に考えてくるので、一筋縄ではいきません。とくに、業績が好調な場合や業界の中で有利な立場にある場合などは、かえって自らの戦略に溺れ、業界全体のトレンドと動きが合致しない、競合他社に想定外の動きがあっても機転が利かない、一度決めた戦略と戦術を過信し柔軟性に欠ける、などの愚行を重ね、会社を弱体化させ、本当の能力を発揮できないまま事業の致命傷を負うことがあります。日々の状況判断が大切です。

以上のように、4つの能力を会社および社員として高いレベルで持つことが大切であり、それらをバランスよく組織的に実践できるかが重要になります。そのために、優秀な人材を一人でも多く入社させ、社内でも人材育成・強化を図っていくことが必要になります。

そして、この4つの能力を持った人材が会社内で主流になると、組織的に強い会社になっていきます。

自社の能力を高める4つの観点

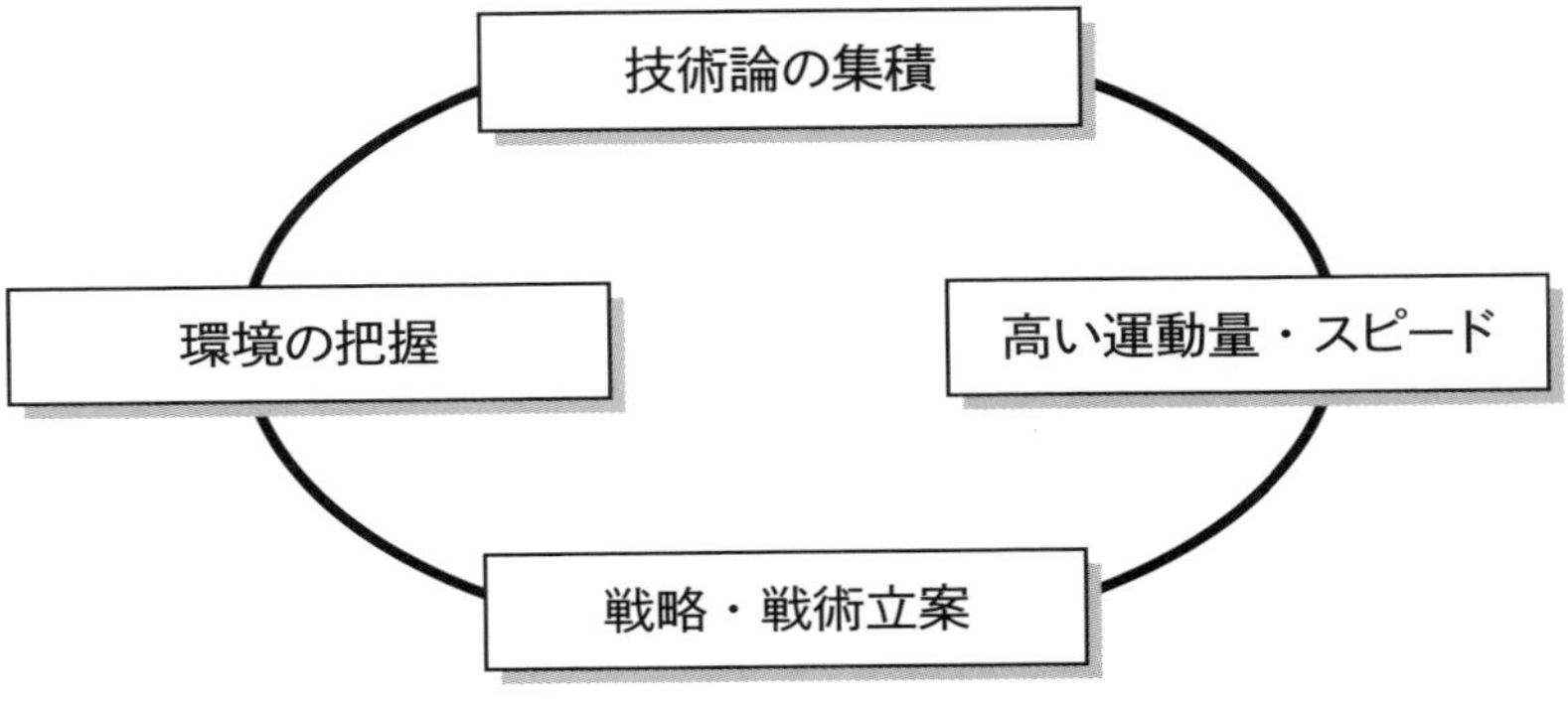

見積りの精度を高めて、ストーリーを磨く

事業計画書は、業績予想や見積りデータをもとに作られ、誰も見ていない将来を見通す作業なので、事業ストーリーどおりに実現できるかを事前には当然確かめられません。

そのため、積み上げた見積りデータの根拠を示すのはむずかしい作業であり、仮に、見栄えよくしたいがためにバラ色の事業計画書を意図的に作ろうとすれば、簡単にできてしまいます。たとえ、うそを意図していなくても、見通しが甘かったため、予想どおりにいかず、結果としてうそをつくことになる場合も十分ありえます。

最近は、社長のほか、社長室や経営企画部などのスタッフ部門が中心になって事業計画書を作る会社も増えており、トップダウンで計画作りを進めるために現場の意見が十分反映されず、現場の実務が計画どおりに進まない場合も多く目にします。

このように、計画を実現できない会社の多くは、本書の【PART 2】で説明する一連の計画作成・実行プロセスを踏んでいない可能性があります。事業計画書作りの基本ステップはきちんと踏むべきです。

事業計画書は、すべて見積りに基づいて作る将来の計画であるがゆえに、不確実性が必

ず伴います。そのため、少しでも不確実性を減らせるように、計画内容の見積りプロセスをさまざまな角度から検証すべきであり、そうすることで、真に使える事業計画書になります。

実際に、事業計画書がゆがめられないか見極める最大のポイントは、経営層の資質や計画数値への真摯な態度であり、経営層が会社の将来を見通せる計画を本当に作りたいと思わないままでは、社員も達成できる計画とは思わないので全社共通の目標にはなりません。

しかし、社長以下幹部が真摯に計画作りに携わっても、業種によっては、マーケットの動向が読みにくく、見積り計算を正確に行うことがむずかしい場合もあります。だから、過去において想定した予想と実際が大きく乖離する傾向がある会社は、月次より短い期間（週次、日次など）で計画を立て、実績との乖離内容を小まめに分析し、次の改善策を実行することで乖離度合いを徐々に少なくする創意工夫が重要です。

正しい見積りのポイント

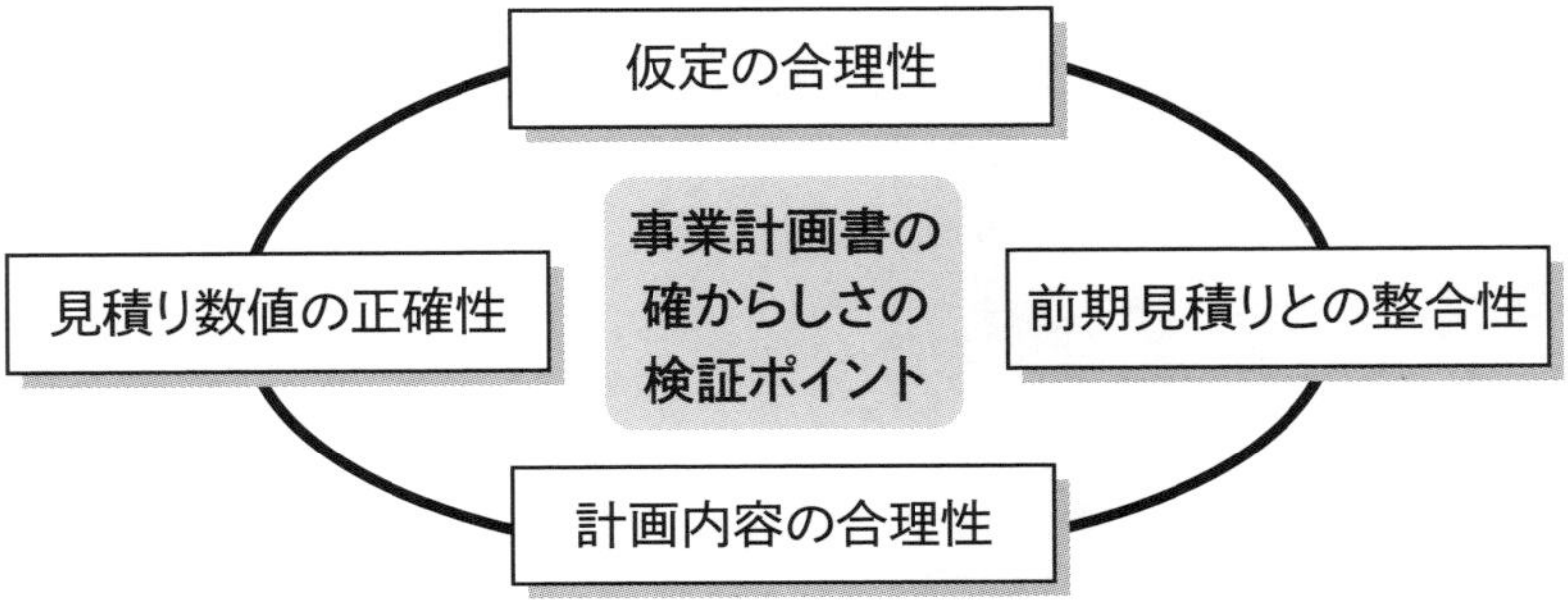

実力に見合った計画作り

社長が無謀な計画を必達目標にすると現場に無理が生じ、手段を選ばない売上至上主義となり、現場の雰囲気は最悪になる。無理な計画を押しつける営業体制は絶対に長続きせず、徐々に計画と実績の乖離が進み、見積り精度は当然悪化していく。よって、社長以下幹部は自社の実力を見極めた将来の見通しを練るべきである。

その際には、複数の経営環境を想定し、複数の戦略と戦術の選択肢を準備して環境変化に沿って計画見直しを適時に行う必要があります。

したがって、見積りデータが正しいことを常に確かめる必要があります。仮定の合理性、見積り数値の正確性、前期見積りとの整合性、計画内容の合理性などを検証してみるべきです。その結果、この4つの観点についてとくに問題がなければ、事業計画書は信頼に足る内容になるはずです。

計算根拠となる仮定には合理性を

状況に応じた仮定に合理性があるかを検証することは、とても大事なことです。仮定に合理性がなければ、数値データがたとえ正しくても事業ストーリーは絵に描いた餅になります。たとえば、リーマンショック直後の右肩上がりの計画は非合理です。

過去と同じ項目について同じデータで見積もるならば、過去と同じ仮定を使う必要があります。仮に、状況変化があれば、同じ仮定は使えないので、その変化の影響を新たな仮定として反映して検証しなければなりません。

逆に、資産の評価方法や償却計算について、状況が悪化しているため、仮定を変えると大きな費用計上が必要になるので、故意に前期と同じ仮定のままにして問題を先送り

数字はウソをつかない

ゲームメーカー・カプコン創業者の辻本憲三氏は、日本経済新聞および日刊工業新聞のインタビュー記事の中で「損益計算書の項目ごとに、前期比、計画比、売上比率の３つの数字を時系列で比較検討し、今後のソフト開発計画や値下げのタイミングを練る」と述べている。ヒットに左右され、事業計画書が意味をなさないように思えるゲーム業界にあっても、実態把握の数字を重視する経営をしているからこそ長く安定できているのである。

にする例もあります。

これでは、計算方法の選択肢について合理的な仮定がないので、今後の利用状況や経営環境に関する最新情報を入手して、見積りデータの仮定を大きく変えるべきなのです。

最近は、会計上の見積り要素が増加しているため、事業計画書を作るときも、さまざまな仮定を用いて数値を見積もる機会がどの会社でも増えています。したがって、採用した前提条件や資料、データが適切な仮定の下で決められたかを専門的に検証すべきです。

仮に、事業計画書の作り手が単純にスキル不足のため、その計画の合理性が確保できなければ、本人にスキルアップしてもらうか、別のスキルのある人に担当を変更しないと計画を見積もる意味がありません。

そもそも、見積りには一定の判断が入るため、仮定には細心の注意を払い、必ず合理的に決めていくべきです。過去の業績の傾向を活用する場合には、過去、現在、今後の経営環境の変化を正確に分析し、過去データをそのまま活用できるか否か、加工修正すべきか否かなどを総合的に検証する必要があります。

仮定が合理的ではない場合、損益に大きな影響が出る可能性が高いので、正しい仮定を計画に加味しないと実際の業績推移と大きな乖離が出ます。不適切なケースとして、事業計画書をよく見せたいがために、意図的に会社に不利な仮定を計画見積りの対象から外す

仮定の合理性の確認の仕方

適切な仮定に沿った計算であるかは次を確認すべきである。

- 過去からの自社の業績推移を吟味して傾向として問題ないか
- 業界動向や同業他社の過去や今後の動向を吟味して仮定に問題ないか
- 採用する各種データや見積り根拠が事業展開の内容と合致しているか
- 採用した見積りデータよりも適切なデータがある可能性を確認したか

会社もあります。

あるいは、すべて外すと目立つので、事業計画書にあまり影響がない、軽微な損失ですむ仮定だけは一応織り込み、本当に影響の大きな損失見積りの仮定は回避するという巧妙で悪質な場合もあります。

したがって、客観的ではない資料やデータを事業計画書に用いる場合は、どんなに計算プロセスが正確であっても仮定は一切合理的でなく、うそで固められた見積りデータになってしまいます。これは、絶対に避けなければなりません。

事業計画書を合理的に作る場合は、仮定が客観的であるかどうかを一番重視すべきであり、見積り計算に勝手な判断が入らず、資料やデータに変なバイアス（偏り）がかからず、いいとこ取りの業績予測にならないように心がけることです。

計算の見積り数値が正確であること

事業計画書の確からしさを検証するには、計算に使った資料やデータの見積り数値の正確性も重要になります。

もし、バラ色の事業計画書を見せたいのであれば、業績が上ぶれする方向で計算できる資料やデータだけを集めて見積もれば簡単に作れます。しかし、正確性を一

仮定に合理性がない場合

　次のような場合は仮定に合理性があるとはいえない。
・過去より経営環境が良好でない中、過去よりも業績好調な計画を立てる
・業績が下降局面なのに、過去と同程度の計画を立てる
・現在の経営環境や業績動向を勘案すると不良資産になる可能性が高いが、過去に問題がとくになかったことを背景に資産の見積りをそのままにする
〈よくある費用計上を先送りする例〉

　貸倒れ可能性がある売掛金、評価減が必要な棚卸資産、減損損失の発生可能性がある固定資産・有価証券・のれん、繰延税金資産の回収可能性など

切無視していれば、実際の事業ストーリーは計画倒れとなり、作っても意味がありません。

過去実績、現在の会社の実力、業界動向、経営環境、法改正などをあらゆる角度から吟味して、計画に使用する資料やデータが正確か否か判断したうえで、実際には、上ぶれまたは下ぶれする可能性がどの程度あるかなどを徹底検証する必要があります。

このように実務上、どのような資料やデータを用いるのが、より実態を正確に表すかという点は、慎重に吟味すべきところであり、絶対に恣意《しい》性が入らないようにすることが何よりも大事になります。

現実にそれらの資料やデータをなぜ用いるのか、事実をよく見定めて、その根拠を十分検証し、使う数値を厳選し、事実に基づかない隠された意図があるような事業計画書を作ることはあってはなりません。

ちなみに過去の事業計画書と比べて、大きく変化のない場合はとくに問題意識を持ちにくいものですが、実は経営環境に大きな変化があり、事業計画書のストーリーそのものを大きく見直すべきなのに見過ごす場合があるので見極めが大切です。

たとえば、過去に一度も発生していないけれど、来期の業績に悪影響のある取引が確実に生じる可能性が高いと予測できることがあれば、会社として初めてであっても、そ

見積りの正確性の留意点

過去実績から一定率や一定割合を取って計画に使う資料やデータを作る場合、単純に計算プロセス、算出方法を検証しているだけでは、真の正確性は確かめられないので、次の点にも留意すべきである。
・過去の平均をどのくらいの期間で計算するのかで結果が大きく変わること
・同業他社や上場会社平均などの他社動向を基礎にする場合、どの会社をいくつ選定するかで数値が大きく変わること

の損失を見積り計上すべきであり、過去の経験則で計画を立てるべきではありません。

気づいた将来のマイナス要因は現実を直視して、経営判断として積極的に受け入れるべきであり、事業ストーリーの大きな見直しも視野に入れなければなりません。

このように、資料やデータを客観的に収集すること、また、想定できる事態は悪いことでも隠し立てせず、すべて反映することが大事です。

いいとこ取りだけでは、見積り数値の正確性は絶対に保てません。何が真実なのか、何が起きているかを客観的な数値で冷静に積み上げ、すべての事実を受け入れて計画に織り込むことが求められます。隠すと実態が見えず、軌道修正もできません。

つまり、業績悪化の兆候を予想できた場合は、業績への悪影響を封印したり先送りしたりせず、業績のマイナス要因としてきちんと見積もらなければなりません。

実務上も、業績への悪影響を経営課題としていち早く取り上げて、新たな戦略と戦術を考えて改善策を実行するほうが、業績の正常化がより早く進み、悪影響を最小にできる可能性も高まるので、現実を常に正確に捉えることです。

計算内容が前期見積りと整合していること

前期と同じように数字を見積もればよいのか、前期と異なる事実が発生したので変化した内容を見積もるべきかなどを見極め、前期との整合性を検証することが大事です。

事業計画書の数値が前期と比べ、本当に変化がない数値でいいのか、変化がないことに問題がないのか、実は業績を一転させるような大きな変化があるので、見積りも大幅に変えるべきなのかなどを、冷静に判断しなければなりません。

現実的には、限られた情報だけで変化の正しい兆候を見極めるのはかなりむずかしいと思いますが、経営環境が前期と比べて大きく変化していれば、何らかの変化要因を見いだし、当期以降の見積りを例年より慎重に行うことが必要です。

ちなみに、経営環境の変化が激しい会社であれば、見積りについて前期との関係は参考程度に考え、計画の見直しを毎期必ず**ゼロベース思考**[*8]で行い、起きている事実を正しく見積もっていくべきでしょう。

そのほかの注意点として、あまり経営環境が変化しない会社だと、前例踏襲で毎年の計画を見積もる傾向があるため、大きな変化の兆候があっても見逃すおそれがあります。何とか変化を見逃さずに、実際の動きを計画に反映できる管理上の工夫が必要です。

＊8 ゼロベース思考

先入観にとらわれることなく、問題点を考えるための姿勢のこと。事業計画や予算を作る際には、前期を踏まえて増減を考える場合が多いが、経営環境の変化が激しいときは、過去の実績に基づかずに、ゼロから事業計画書や予算を策定したほうが現実を反映しやすい。ただし、実務上はかなりの労力を要する。

計画した内容が合理的であること

採用した仮定や資料、データの一つひとつは事実に反していなくても、全体の計画内容の合理性は検証すべきです。仮に、計画した内容が実態を反映していなければ、会社の意図の有無は別にして、事業計画書と実績との乖離がだんだん大きくなっていき、結果として計画内容に合理性がなかったことがあとで判明します。

したがって、数年間の管理状況を見て、もし事業計画書の合理性が確保できていなければ、計画を作るプロセスの精度をもっと上げる努力をする必要があります。

たとえば、過去において、見積もった計画と実績の乖離が比較的大きく、計画未達に終わっている場合には、いったん算定した計画内容をそのまま採用するのではなく、計画数値をより厳しめに見直し、低めの数値を見積りとして採用すべきです。

やり方としては、まず、考えられる最も楽観的な計画を作り、その8掛けとか7掛け程度を現実的な堅めの案だと判断すれば、見積もった売上などを2割とか3割程度少なく修正して計画数値を見積もります。

そのほかに、コストがいつも予算をオーバーしてしまうような会社は、多めのコストを見積もって、それでも利益がどの程度出るかなども吟味すべきでしょう。

部門別にも計画見積りをすべき

より詳細に計画内容の合理性を判断するためには、会社全体ではなく、部門別のより詳細な単位でも検証すべき。多くの場合、部門ごとに経営環境と業績見通しは異なるためだ。たとえば、引当てや減損損失など各種の見積りを検討する場合も、細分化したほうが現実の動きを捉えやすく、各部門の実態を計画に織り込めるので、合理性を確保しやすい。部門の把握の仕方としては、モノやサービス別、工場別、営業所別、販売店別、担当者別などに部門を区分して、部門別の計画を見積もり、そのうえで実績集計、計画と実績の差異分析を部門別に行う。

CHAPTER_3

事業ストーリーを
実現させるヒント

今は事業を立ち上げやすい時代

最近は、事業を行う際に必要なＩＴインフラが低コストで導入できるとともに、研究開発、製造・外注・営業などの業務でもいろいろな社会インフラや外部連携先を全部または一部活用しながら、短期間で事業を立ち上げることが可能になりました。

たとえば、低コストのＩＴインフラとしては、ＰＣ、インターネット、レンタルサーバー、クラウドサービス、モバイル通信などがあげられます。

事業を低コストで運用できる社会インフラの例として、オープンイノベーション、インターネット上で不特定多数に業務委託するクラウドソーシング、３Ｄプリンターによる試作品製作、製造ラインの貸し出しやＯＥＭ、ネットによる受発注などがあります。

新事業を立ち上げる際の事業所、研究開発や製造の場所、高価な製造や加工の機械などを無償か格安で利用できる施設などもあります。

資金調達も以前より多様化しており、資金量もさまざまなケースに対応できる余地が生じているため、事業資金を確保できる機会が増えています。

このような背景の中で、新規事業が軌道に乗りやすくなり、過去においては時間とおカ

＊9 死の谷（デスバレー）

基礎研究の段階で一定の成果を得られたとしても応用研究、製品開発の段階で資金力、信用力、マーケティング能力などの不足により事業化できないことが多く、この研究開発と事業化の間にあるギャップを“死の谷”と呼ぶ。研究開発の内容がどんなによくても、死の谷を経験するベンチャーや中小企業が多いのが現実であり、それを乗り越えて初めて成長軌道に乗ることができる。

ネをかけなければ、乗り越えることができない大きな課題とされていた**死の谷**（**デスバレー**）[*9]は、早い段階でそれを乗り越える会社も増えました。

少ない資金でトライ・アンド・エラーを試み、新規事業をただちに立ち上げる会社が増えています。資金が多額ではないため、初期段階は自己負担か賛同してくれた支援者も資金を出しやすいのです。

スタートアップの時期は、まずは少額の資金を手当てして事業を展開し、短期間で仮説・検証を繰り返し、場合によっては方向転換を図り、軌道に乗るまで事業ストーリーの構成に磨きをかけるべきでしょう。

「走りながら考える」くらいの心がけで

たとえば、世の中にあまりないモノやサービスを提供していく場合、試作に近いモノや検討段階の荒削りのサービスを、特定の顧客に無償か多少の対価によって短期間利用してもらい、意見やクレームをじかに聞きながら、改良していく方法も考えたいものです。これを繰り返して行うと、事業ストーリーの実現性が高まります。

このような仮説・検証のプロセスは、実績として新たな顧客や賛同者に、その経験談を熱く語ることができます。

資金調達の多様化

新規事業やイノベーションのアイデアに資金を提供する例としては、従来からの金融機関やベンチャーキャピタルのほか、**CVC**[*10]（コーポレート・ベンチャーキャピタル）、**クラウドファンディング**[*11]をグループ内に持つ事業会社、投資ファンド、エンジェル投資家（個人投資家）、自治体などがある。

この実績に賛同してもらえれば、経験を重視する金融機関や投資家も耳を傾ける可能性が高まり、次なる調達が実現する機会も増え、スタート段階で暗礁に乗り上げなくてすむのです。

そもそも時代の流れとして、ＩＴ関連を中心に技術革新や新規ビジネスがあっという間に生まれる傾向があるため、事業のスピードを重視するべきです。モノやサービスの立ち上げに多くの資金や時間を費やして、設備投資や研究開発を行うのはあまり得策ではありません。

今の時代は、「走りながら考えなければ、生き残れない」というぐらいの覚悟が必要かもしれません。

このような社会背景は自社だけのメリットではなく、競合他社も同様に低コストで事業基盤を整備できることは留意すべきです。

そもそもモノやサービスの差別化を、長期間維持することは困難です。どんな目新しい事業であっても、早々に競合状態が生まれ、手をこまねいていると陳腐化するおそれも十分あります。変幻自在な対応ができるように、１つの仮説に時間や資金をかけすぎないようにすることも大切です。

要は、小さく始めて大きく育てるのが新規事業開発のコツといえます。スピード感を

＊10 CVC

Corporate Venture Capitalの略。CVCは、投資事業を主体とするVCと異なり、モノやサービスを販売する本業を持ちながらベンチャーなどの会社に投資する事業会社のグループ会社のこと。スタートアップ企業に出資するケースがある。業界発展のための支援の側面もあるが、自社の事業とのシナジーも考えながら、資金提供だけでなく技術やサービスの連携、さまざまな事業連携を模索しながら総合的に支援するケースもある。

持って方向転換やバージョンアップを繰り返し、事業リスクを抱えないようにすることが、どの業界においても重要になります。

ともあれ、新規事業を立ち上げやすい時代であることは間違いありません。今まで何らかの事業をしていた人も、次なる事業で新たな成功を手に入れることも十分可能といえるでしょう。

「何をやりたいか?」を自問自答して、事業の目的とストーリーを決めることができれば、本書のテーマである事業計画書を作成する段階へと移れます。

新規事業のストーリーを成功させるコツ

会社を創業して何らかの事業を行い、成功するには少しコツが必要です。

従来の手段としては、大手に伍《ご》していくために長い時間をかけて中小↓中堅↓大手と進んでいくことが一般的でした。しかし、世の中の経営環境としては、新しい技術や枠組みなどが次々に生まれるため、大手と同じことを長い時間かけて追いつくような悠長なことはしていられません。

よって、世の中にある最新のＩＴ技術やネット環境を活用して、今までよりも効率的な業務運営を行い、顧客にとって利便性や高い付加価値があるものを提供すること

＊11 クラウドファンディング

ネット上で中小企業、ベンチャーや個人が事業プランを公表し、不特定多数の投資家や支援者から、小口の資金調達や積極的な購買活動、寄付をしてもらうことによって、組織や個人の活動財源の支援や協力を行ってもらう行為の総称。寄付型、貸付け型、投資型（ファンド、株式）、購入型などの種類がある。

ただし、投資型は金融商品取引法の規制がある点に留意すべき。自主制作映画、ユニークかつスモールなマーケットでの製品作り・スポーツ選手援助などの活用例が増えつつある。

で、短期間で業界内での存在感を高め、新たな事業展開を飛躍的に向上させて大手と互角以上の戦いをする会社も増えてきています。

すでにある程度業績があり、組織が十分に出来上がっている大手であっても、今の事業展開に安住していると新たな勢力に足元をすくわれかねません。

このように、短期間で事業展開を軌道に乗せるための手段が、**リーン・スタートアップ**[*12]です。これを実践すれば、既存事業の改革や新規事業の素早い立ち上げを無理なく実現できるようになります。

この考え方は、事業の立ち上げにおいて、仮説の設定、モノやサービスの実際の展開、軌道修正といった一連の過程を迅速に繰り返す手法です。

最初はトライ&エラーで進めるのが得策

リーン・スタートアップの手法を行うにあたって、最初から完璧を目指さず、実用的な最低限のモノやサービスをできるだけ迅速に提供して、特定顧客やファンに提供し、利用した反応を検証して得られた結果から、当初の事業アイデアの改良・軌道修正を図ります。

＊12 リーン・スタートアップ

事業の立ち上げにおいて、仮説の設定、モノやサービスの実際の展開、軌道修正といった一連の過程を迅速に繰り返す手法。最低限実用に足るモノやサービスをできるだけ迅速に構築して特定ユーザーに提供し、利用した反応を検証して得られた結果から、当初の事業アイデアの改良・軌道修正を図る。消費者の需要をつかむことに徹し、成功につながらない要素に対する時間・資金・情熱などの浪費を省くことができる。仮説に対して結果が違った場合、そのまま進むか、方向転換（ピボット）するかを経営判断していく。

そして、特定顧客やファンを通して、消費者のニーズをつかむことに徹し、成功につながらないことに時間・資金・情熱などを浪費しないよう心がけ、少しでも早く業界内で存在感を示していくことが大事になります。

仮に、事業としてやりたいことがあっても、わからないことや経験のないことが多いため、実際の事業展開については少ない投資からまず始め、トライ&エラーで物事を進めるほうが得策です。

トライ&エラーで進めれば、小さくではありますが短期間に事業を繰り返し、いくつか失敗を重ね、その失敗を教訓に改善を進めていければ事業ストーリーが徐々に具現化されます。

事業ストーリーの改善自体が経験値となり、外部の人に語ることができる実績になるので、まずは遠回りのようでも小さく事業を始めることが着実な近道になります。

ただし、大きく失敗すると致命傷になるので、失敗が小さいうちに軌道修正するのがコツです。少し失敗したら一瞬立ち止まり、なぜ失敗したかを十分考え、次は失敗しないように何らかの改善を図るのです。

大会社であっても、新規事業を始める場合にはイチから起業するときと変わらないので、不確実性はかなり高いものです。そのため、リーン・スタートアップの考え方はやはり有効活用すべきであり、最初に構想したアイデアや企画を何度も書き換え、実行のプロセスを繰り返し、失敗に関する打開策、新たな展開を考えたいところです。

このように、事業は小さく始めて大きく育てるのがコツといえます。最近では、事業の一部を専門的に請け負う会社も増え、また、低コストのネット環境が定着しつつあるので、新たな事業を始める際に大きな資金を投入して、社内インフラを整備する必要もありません。その意味で、新規の事業を考え、始めやすい時代といえます。

「死の谷」を早く乗り越えて軌道に乗せる

リーン・スタートアップは、ベンチャー企業や大手企業内の新規事業部門が事業を始める際に活用できる手法であり、大きな失敗をせず、無駄に大金を使わないことから、「転ばぬ先の杖」ともいえます。

従来のやり方は、製品化の最終段階までベールに隠した状態で開発を行い、時間とコストが膨大にかかるが成功するかどうかは最後までわからない、というものでした。そのため、資金を潤沢に準備できない会社は諦めるしかないという面があったのです。

リーン・スタートアップの手法であれば、最初はあまり時間もコストもかけずに、最終目標と比べたら未完成の状態であっても、モノやサービスのプロトタイプとして、特定の顧客やファンに限定的に無料か安価で提供し、試してもらいます。その反応を見て仮説を検証するのです。

もし、仮説が間違っていて、彼らが求めるモノやサービスとして改善すべき点があると判断すれば、短期間に方向転換（ピボット）し、必要であれば何度もピボットを繰り返すことで、彼らが満足するモノやサービスに短期間で改善し、仕上げていきます。

場当たり的にも見えますが、彼らの意見は今後の事業拡大にとって最重要であり、その意見と真摯《しんし》に向き合うことが、実は早期に確実に目的を実現する秘訣《ひけつ》といえます。

つまり、リーン・スタートアップは、事業の立ち上げで従来から大きな課題となってきた、死の谷を乗り越える手法なのです。

金融機関や投資家は、死の谷を越えるまでは資金提供に消極的なため、本当に資金が必要な時期に調達できず、失敗し撤退する、途中で事業化を諦める、とい

リーン・スタートアップの流れ

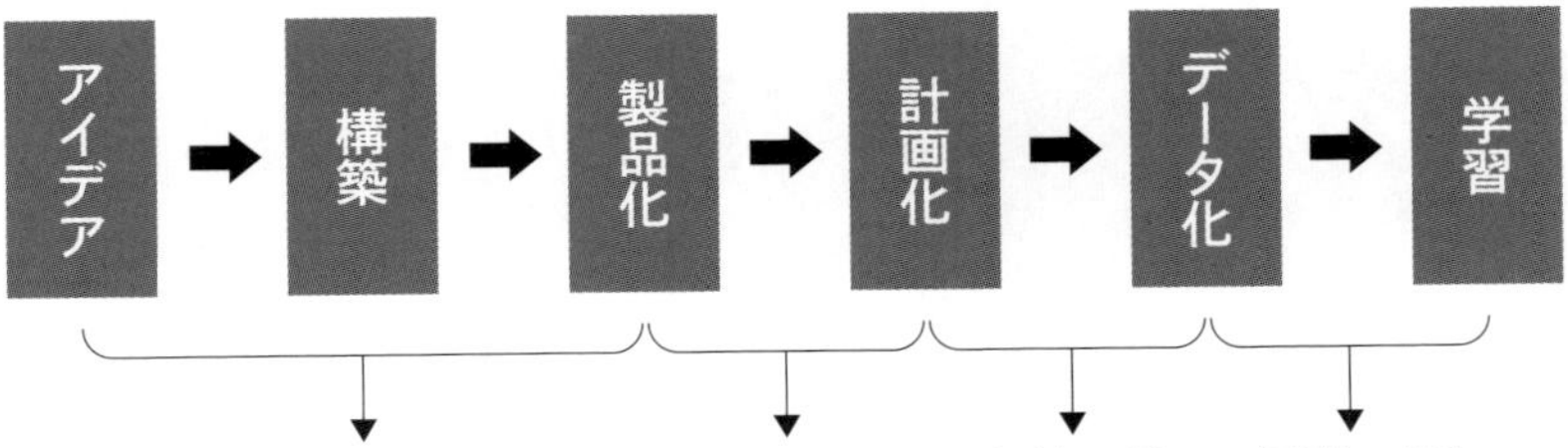

仮説を立ててMVPを作製

顧客に利用してもらう

事前に決めた検討項目について、仮説が正しいか検証

仮説の間違いについては顧客が求めるゴールを目指しピボット

※MVP（Minimum Viable Product）
最小限の機能を備えたモノやサービスで実際に稼働できればベストだが、初期段階ではモックアップやイメージ・構想だけを示すこともある

った会社が過去にはかなり多くありました。

死の谷を乗り越える手段として、リーン・スタートアップを実行することで事業の立ち上がりを示すことができれば、賛同者を得やすくなります。

しかし、競合他社もリーン・スタートアップを実行すれば、事業を低コストで展開できるため、生き残るには他社をしのぐ実行スピードがカギを握るといえます。

競合他社より速いスピードで、方向転換やバージョンアップを行うことが、どの業界においても競争力の源泉になります。

ちなみに、リーン・スタートアップは「隗《かい》より始めよ」ということわざを体現する行動ともいえます。つまり、将来的に遠大な事業を展開する場合であっても、手近なことから始め、まずは自分自身で地道に着手するということです。

「すべて自前で」は必ずしも得策ではない

事業ストーリーを構想する場合、すべてを自前でできるように成功シナリオを描くべきでしょうか。時間が多少かかってもほかの会社の力を借りず、自前で何でもできるように力をつけていくのが一番と考えるべきでしょうか。

過去においては、業界をリードするためには少しでも大きく、少しでも幅広く事業を展開することがベストであると考え、なるべく総合化を目指し、しかも自前主義を貫き、実際に業界上位となる会社も多くありました。

しかし、その考え方だと、得意分野ではない周辺事業や新規事業にも進出してしまうことにもなります。その結果、苦手分野や不採算分野を抱え、会社全体の事業ストーリーに盤石ではない分野ができ、結果として撤退する分野が増える可能性が生じます。つまり、事業の総合化や自前主義には問題点も多くあります。

たとえば、今後の未来社会になくてはならないものとして**ＩｏＴ**（次ページ参照）があり、モノやサービスへのＩＴの利活用によって、人々はコストも時間もあまりかけずに日常の利便性を手に入れつつあり、まさに**第４次産業革命**[＊13]ともいえる大きな潮流といえます。

ＩｏＴを提供する側には、ハードウエア、ソフトウエアの双方の業界から多くの会社が参入していますが、ＩｏＴの技術はさまざまなテクノロジーを駆使するため、１つの会社で完結するのはかなり無理があるといえます。

実際、ＩｏＴ化により、モノやサービスに関する生産や運営のノウハウやインターネットをはじめとした通信ネットワーク技術など広範なスキルが必要なため、そもそもすべて自前で行うのは無理があり、大半の会社が何かしらの外部連携をしています。つまり、ＩｏＴ事業を手がける場合、自社単独ですべてを手がけるのは時間がかかりますし、そもそ

＊13 第４次産業革命

モノやサービスの提供において、ICT（情報通信技術）を高度に利用することにより、事業活動の各現場にプロセス改革を起こすほか、事業構造自体の変革をも起こす産業構造の転換をいいます。AI（人工知能）、ロボット技術などの進化が急速に進んでいて、IoT に対応したモノも普及しつつある。今後いろいろな動きが重なりパラダイムシフト（大転換）が生じ、生活環境の劇的な変化がもたらされるだろう。

も愚策です。自社が得意としない技術領域をカバーしてくれる他社をいち早く見いだし、お互いの技術や製品化ノウハウをすり合わせ、競合他社に先んじてモノやサービスを提供すべきです。

ＩｏＴに限らず、総合化や自前主義にこだわらずに自社の事業を見極め、本当に得意な事業に集中して今後のストーリーを考えるのです。過剰な設備、人員、債務を抱えてしまえば、なだれを打ったように業績が悪化し、結果として、事業縮小、事業売却、事業の共同化などを余儀なくされます。

IoTの普及

もともとインターネットはネット上だけの技術だったが、最近ではいろいろな機器や設備などのモノやサービスの中にインターネット技術が組み込まれており、それらがネットワークと連動しているため、モノやサービスのインターネット化が進んでおり、これをIoT（Internet of Things）と呼ぶ。

このようなハードとソフトが融合する情報化社会については坂村健教授が30年以上前の1987年にすでに提唱していた概念で、当時はION（Intelligent Object Network）という用語で説明していた。身の回りのあらゆるモノやサービスがコンピューターの知識がなくてもネットワーク技術でつながり、人類が共通の恩恵を受けられる未来を予想しており、ほぼIoTの概念を包含していた。

※IoT概念の提唱者：坂村 健

家電や自動車などに組み込まれるオープンOS「TRON（トロン）」を開発して、その技術、ソースコードを世界中に公開し、あらゆるモノやサービスがIoT化する先鞭《せんべん》をつけた第一人者である。2015年には電気通信分野で国際基準や規制・ルールの確立、通信や情報の世界的な標準化を推進している専門機関であるITU（国際電気通信連合：国連の下部組織）の設立150周年の記念イベントとして設けた「ITU 150 Award」において、情報通信社会150年間の中で最も世界に影響を与えたイノベーター６人の一人にビル・ゲイツらとともに日本人で唯一選出され、表彰されたわが国が誇る学者である。

そのため、総合化、自前主義の動きをする会社は最近めっきり減り、M&A[*14]や外部連携を是々非々で取り入れる会社が増えています。

M&Aや外部連携を積極的に活用し、自社の事業の選択と集中を行うケースが増えています。自社の強い部分をさらに強くするためにM&Aや外部連携を行い、自社の弱い部分は縮小・撤退か外部連携で補う戦略です。

その代わりに、自社の強みを精力的に磨いて競争力をつけ、事業拡大を模索し、海外進出も積極化し、M&Aも内外で実施します。

社会全体が総合化を目指さない会社が増え、事業の選択と集中をする時代に入ってきたため、M&Aによって会社の中核事業ではない部門や子会社が売却され、売り手も買い手も以前より案件として増えています。

自社の強い事業をさらに強化・拡大するために、同じ分野の他社の部門や子会社を取得しようとする会社が多くなったため、M&Aの売買案件が相対的に増加しています。つまり、M&A自体がめずらしい出来事ではなくなっているのです。

その結果として、今までの自社の事業基盤にプラス効果がもたらされ、強化され、競争力が増します。その際に、M&Aをしたあとの業容拡大を数値データとしても計画する必要があります。そして、M&A後のシナジー効果などをまとめた事業ストーリーを描き、事業計画書をあらかじめ作成すべきです。

＊14 M&A

M&A（Mergers and Acquisitions）は、会社または事業部門の一部を売却や買収することであり、他社に自社や自社部門を売却するか、他社を丸ごと、または他社の一部事業部門を自社が買収すること。他社で必要のない事業をなぜ買収するのかという疑問を持つかもしれないが、買収する側にとっては、その売却される事業を手に入れることで自社の既存の事業を拡大強化できる、または現状の強い事業とシナジーのある周辺事業に進出できるなどのメリットがあり得るのだ。

外部連携でイノベーションを強化する

最近の傾向で、外部連携を重視して積極活用する会社は、他社の優れたモノやサービスを自社のそれとうまく結びつけて、短期間で競争力を向上させています。

これは自社の弱みを補うという消極的な連携ではなく、強みを際立たせ、強みとシナジーのある事業を追加するための積極的な施策にほかなりません。その結果として業界の中で際立つ存在となることを目指します。つまり、確実に勝つための戦略的な外部連携といえます。

もし、自社だけでも競合他社に太刀打ちできると高をくくっている会社があれば、競合他社が別の専門特化した外部連携先を活用して、時間やコストをかけずに競争力をつけてしまうおそれがあります。

後手に回ると、自前で事業展開していた会社も余裕がなくなり、対抗手段として、遅ればせながら外部連携を模索せざるをえない状況に至ります。そうならないために、先手必勝で外部連携を考えることが必要です。

外部連携と一口にいっても業界ごと、会社ごとにさまざまなやり方がありますが、一般的には、**オープンイノベーション**[*15]、ビジネスマッチング、ＢＰＯなどがあります。

まず、オープンイノベーションによって、外部連携で事業基盤を強化することについて説明しましょう。

以前は、技術をはじめとした知財（知的財産）は、会社の大事な財産であり社外秘とされていました。そのため、現時点では社内で一切使わない技術でも、いざというときのために他社に見せない、使わせないことが競争力維持のためには当然の行為であると考えるのが一般的でした。

しかし、最近は多くの会社で社内に眠っている知財を有効活用する動きが活発化していて、自社で使われていない知財は他社で有効活用できるのであれば提供する、逆に他社の協力を得て、他社の知財を活用させてもらうことで自社の事業基盤を強化できることもあります。

そして、外部連携を模索する中で、オープンイノベーションを積極化して経営資源をフル活用することで、事業の選択と集中、技術移転、技術や知財の売却収入、使用させることによるロイヤリティー収入拡大などを実現することができ、結果として会社全体の事業基盤や財務基盤が強化されます。

このように、オープンイノベーションを推進していくことで、技術や知財が融合されていきます。

＊15 オープンイノベーション

ヘンリー・チェスブロウ博士によって提唱され、外部の開発力やアイデアを活用することで自社の課題を解決し、今まで以上の価値を生み出すことを意味する。技術を広く門戸開放して事業に革新を起こすという意味合いで、オープンイノベーションと呼ばれている。

知財などをオープンイノベーションにより外部連携することによって、研究開発がどのように促進され、どんな新しいモノやサービスが生まれるかなどを示せなければ、連携する会社の賛同を得られないため、説明手段として事業計画書が必要になります。

事業基盤を他社とマッチングさせる

次に、外部連携として**ビジネスマッチング**[*16]で事業基盤を強化することについて説明します。

以前から、会社同士が協力する枠組みはありました。しかし、最近は、外部連携を経営戦略の一つとして位置づけ、重視する会社が多くなっているのです。たとえば、関連イベントなどを開催する例も増えつつあります。

このように、外部連携を積極的に事業ストーリーに組み込んでいくことをビジネスマッチングと呼びます。お互いの事業基盤を重ね合わせて事業シナジーが生じる可

オープンイノベーションの例

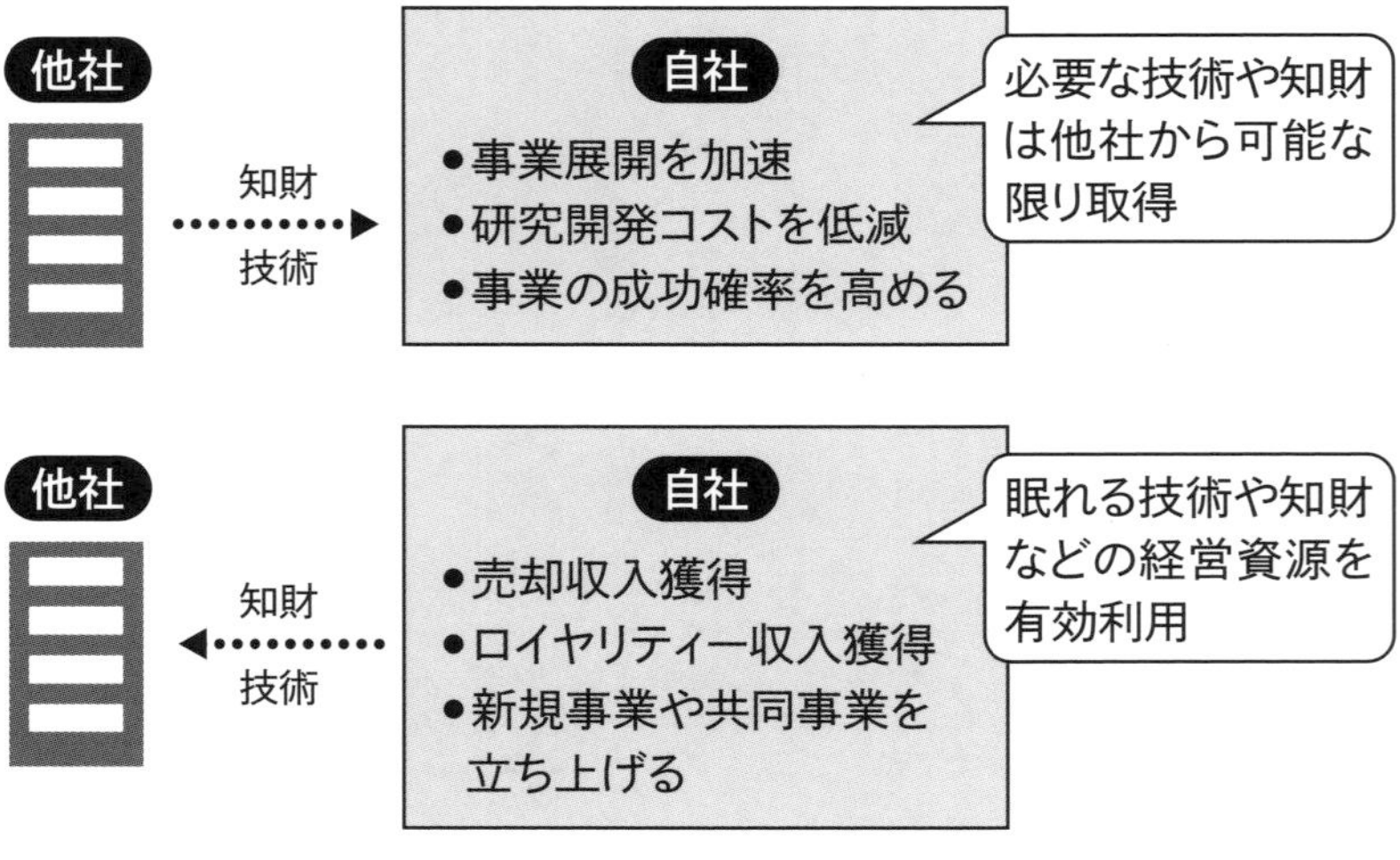

他社
知財
技術
自社
●事業展開を加速
●研究開発コストを低減
●事業の成功確率を高める
必要な技術や知財は他社から可能な限り取得
他社
知財
技術
自社
●売却収入獲得
●ロイヤリティー収入獲得
●新規事業や共同事業を立ち上げる
眠れる技術や知財などの経営資源を有効利用

能性があれば、お互いにメリットを享受するために、積極的に取り組みます。

これは、知財などに限らず、いろいろな事業基盤について双方にメリットがあれば広く事業協力を吟味するもので、連携相手としては同業他社、異業種、大会社同士、大会社とベンチャー、ベンチャー同士などさまざまなケースがあり、お互いにシナジーがあるか否かで、是々非々に進んでいきます。

以前は、同じ業界にいる会社はすべてライバルと見なして、連携など一切なく、業界の中で切磋琢磨して一進一退を繰り返しながら、競合の中で生き残りを図るのが当たり前でした。しかし、今のような低成長時代に生き残れる会社は限られるため、業界内での激しい競争は禁物です。

勝ち組になるためには、同業の大企業同士でも共同研究開発や事業提携を行う、または、中小企業やベンチャーでも優秀なコア技術やサービスを持っていれば大企業から提携話が来るかもしれません。要するに、形はどうあれ、強者連合を組むことが成功の早道といえます。

最近は、傑出した技術、アイデア、サービスで大企業をも脅かす中小企業やベンチャーが出てきており、大企業と連携するほか、中小企業やベンチャー同士が協業し、大企業の特定分野を脅かす例も生じています。

＊16 ビジネスマッチング

会社、各種団体、各種研究機関などが、自らのモノやサービスの販売チャネルの拡大や新規取引先の開拓を目的とする供給者と需要者との商談の場。会社同士がお互い交渉して独自に行う場合のほか、展示会主催者、銀行、自治体、マッチング事業者、マッチングサイトなどが商談の場を提供するケースも多い。失われた20年間を経た今、大手企業であっても自社だけで事業展開する体力は以前のようにはない。たとえ、あったとしても技術やアイデアが計画的に次々と生まれてくる可能性は少ないので、何らかのブレークスルーを求めて、ビジネスマッチングの機会が増えている。

しかも、ビジネスマッチングを活用することで、短期間で新しいモノやサービスを展開する例が増えつつあり、社会を激変させるイノベーションが次々に生まれる状況になっています。

さまざまなアウトソーシングを活用する

このように、ビジネスマッチングを進めるにあたっては、他社事業と自社事業をどのように融合し、あるいは、どのように補完し合うとどんな事業シナジーが生まれ、ビジネス強化につながるかを相手にアピールする必要があります。そのためのツールとして事業計画書が必要になります。

最後に、外部連携として**BPO**（ビジネス・プロセス・アウトソーシング）で事業基盤を強化することについて説明します。

最近では、多くの会社が業務の一部を外部に委託することに躊躇《ちゅうちょ》しなくなり、いわゆる「業務アウトソーシング」を程度の差こそあれ、採用しているケースが増えています。これをＢＰＯと呼びます。

過去においても、製造、物流、倉庫などを外部委託することは広く行われていました。しかし、最近では海外の先進事例に近い業務範囲までＢＰＯする動きが増えており、たとえば、受発注業務、在庫管理、カスタマーセンター、社内管理業務などまでアウトソーシングする例もあります。

この動きの背景としては、いろいろな業務プロセスをサービス提供する専門的な会社が増加しているため、必要に応じた選択がしやすくなっていることがあります。このような中では、自社でＢＰＯを選択するか否かを判断することに一切例外を設けず、

・自社でやらずに専門業者に任せたほうが、費用対効果でメリットがあるか
・得意ではない業務プロセスはやらないことで、弱味を少なくできるか
・ＢＰＯにより人を削減すべき部門が生じるが、業務拡大のため人員を拡大すべき部門に割り振ることで会社全体が最適になるか

などを検討し、ＢＰＯにするかを決めます。

自社でやるよりも外部の専門業者に委託するほうが、その時点において世の中にある最高水準の業務プロセスを一気に取り込める可能性もあるので、迷わずに吟味すべきです。一流のノウハウを使わない手はありません。

その際、聖域を設けずにすべての業務プロセスでＢＰＯを検討し、必要な場合に実行することを**アンバンドル化**[*17]と呼びます。その検討方法としては、自社の業務プロセスと

＊17 アンバンドル（Unbundle）化

分解／分離を意味する。現状としてバンドル（統合・結合）している状態の業務プロセス（顧客管理、モノやサービスの開発・販売、業務オペレーションなど）をできる限り細分化し、ゼロベースで、自社がすべきか他社に委託すべきかを吟味して、品質、コスト、時間の３つの観点から最良な選択をしていく手法。自社の得意分野に経営資源を集中して、苦手な分野は優れた他社に委託して、事業効率を最大化することを目指す。

競合他社のそれを徹底比較して、効率性、専門性、スキル、コストパフォーマンスなどから総合的に判断し、「わが社のほうがどう見ても脆弱《ぜいじゃく》であり、自前でやらないほうが賢明」「自前で同水準のものを立ち上げると何年かかるかわからない」という結論が出たら、ＢＰＯを検討したほうがよいでしょう。

そうすれば、設立間もない会社が自社の得意な部分だけに集中できます。そして、足りない部分はＢＰＯによって大企業並みの業務処理を手に入れ、顧客や取引先にも信用される高いレベルの業務を手に入れ、成長をけん引する可能性が高くなります。

自社の経営資源を得意分野に集中する

ＢＰＯは自社の規模の拡大に合わせ、必要に応じて対価を払うので、会社のコストが変動費になり、その業務を担っていた部門の固定費が節約できます。

結果として、アンバンドル化した部門の人員を縮小または配置転換でき、その後は自社の得意な業務だけに経営資源を集中できるため、コストパフォーマンスが向上するメリットがあります。聖域をなくして、不採算部分を温存させないためのコツです。

このように、ＢＰＯは多くのメリットがありますが、社内に現存する部門をなくしてしまう結果も伴うため、関係部門の説得とともにＢＰＯで生じる業務改革の効果やメリットを経営陣が十分理解しないと前に進みません。

そこで重要な役割を果たすのが事業計画書です。社内の業務プロセスが刷新され、効率化、本業への集中・強化、競合他社との差別化などが図れることを事業計画書にわかりやすく書いてあれば、経営陣の理解がズレることなく共有化されます。

また、外部連携が必要と判断した場合、その連携を交渉する会社に必ず自社の説明をして連携するメリットをアピールしなければなりません。そうした局面の説明資料としても事業計画書を有効に活用できます。

事業計画書に賛同を得られれば、外部連携の話が前進します。その結果、競合他社よりも売上向上、固定費削減、業務オペレーションやコストの効率化などを図ることができ、競争上の優位性を獲得できる可能性が高まります。外部連携も事業シナジーの一つであり、重要な経営資源として吟味し、活用することが不可欠な時代といえます。

CHAPTER_4

決算書から
事業ストーリーを読む

事業計画書の作成には決算書の知識が不可欠

決算書を読めない人が事業計画書を作成できるでしょうか。あるいは、読んで精度の高い理解ができるでしょうか。

決算書の見方を知らなくても、数値以外の定性的な情報で会社の今後の動きはわかります。決算書の構造を理解していなくても、売上や利益がどうなるかはわかるので、会社の動きはある程度読めます。

しかし、事業計画書の全体を正しく理解するためには、その中に記載された「将来の決算書」についても把握する必要があります。経営陣や経営企画室などのスタッフは、決算書の知識をしっかり身につけて事業計画書の内容を理解すべきです。

一般的に、事業計画書を全体的に理解する際には、決算書として示された将来の財務数値をしっかり把握し、将来のストーリーを数値的に捉えることが重要です。

なぜなら、決算書は会社の動きのすべてを会計数字で表しているため、会社の方針としての戦略と戦術を打ち立てたら、その動きを数値化することで客観性が生まれます。「数値化の流れ」を簡単に示しておきましょう。

まず選択した戦略と戦術を実行した結果、売上がどうなるか予測します。その売上から利益を導き出すには、売上を稼ぐためにかかるコストを把握しなければなりません。

過去の決算書を分析すると売上に対する材料や商品の仕入代金、製造にかかる経費、販売費、人件費、管理費、金利などの比率が算出できます。それらを参考に、今後の会社の状況を加味して各コストを見積もります。売上からコストを差し引くことで、どの程度の利益を確保できるかが事前にわかるようになります。

事業計画書の中身を完全に理解してもらうには、将来のストーリーを数値化した定量的な説明も不可欠であり、それを担うのが決算書にほかなりません。

事業ストーリーの流れを「財務三表」といわれる貸借対照表、損益計算書、キャッシュフロー計算書に反映することで、それらが添付された事業計画書は客観的に会社の姿がわかる貴重な資料・データになります。

決算書を読む力は社長に必須

決算書は、社長自身がきちんと理解すべきでしょうか。それとも管理部門が理解していればよいのでしょうか。社長の資質としては、一般的に大局観、複眼思考、リーダーシップ、状況判断のよさ、意思決定の速さ、情報収集能力などが重要と考えられます。

私はそれらに加えて、財務数値の理解力も非常に大切だと考えています。有名経営者の多くは、社長としてまだ駆け出しの頃に、決算書の読み方を独学で習得して自社の業績を分析しているものです。

今後の予想を決算書上の項目ごとに見積もり、競合他社についても決算書上の項目ごとに自社と比較してみることも社長の大事な仕事といえます。たとえば、日本電産・永守重信氏、京セラ・稲盛和夫氏、ソフトバンク・孫正義氏、ユニクロ・柳井正氏などは、たまたま運よく成功したのではなく、起業した頃から経営数字を重要視して、徹底的に分析していた様子が雑誌や自伝の内容からうかがえます。

一般的に、創業者に対して抱くイメージは、現場第一主義で猪突猛進、誰よりも努力して事業の成功をつかむ……といった姿ではないでしょうか。しかし、例としてあげた経営者を見ても、決算書を理解し、経営数字をベースに経営を行い、会社を成長させた事実があります。

数値やデータを扱うことが、初めから得意な人などいません。では、どのように身につければよいのでしょうか。私がお勧めしたいのは、実際の数値を読み、慣れていくことです。まずは自社の過去の実績を見て、各数値の意味を理解することです。その際に、過去・現在・未来の経営環境の流れを読み解くことも必要です。

実際の経営環境がどうだったか、どうなっていくかをつかんだうえで、売上、仕入、原価、研究開発費、設備投資、人件費、その他の経費などについて前年対比の

有名経営者と財務会計

永守氏や稲盛氏は、財務や会計に関する書物も出版しているくらい決算書や財務数値に対する造詣が深い。孫氏は創業の頃、人生をかけて何を仕事にするか考え抜き、思いついた何十種類もの仕事のそれぞれの事業計画書を作り、徹底してシミュレーションして、インターネットがない時代にIT業界に関連する仕事を選び、時代に合わせてネット社会における時代の寵児、先頭ランナーであり続けている。柳井氏も早い段階から多くの経営書を研究し、公認会計士に経営数値の見方を伝授されたエピソードを語っている。彼らは、財務数値を重視して経営を行い、成功したといえる。

伸び率、売上比率などを振り返ったり、予想したりするのです。

決算数値を同業他社などと比べてみる

同業他社や理想とする会社の決算書を手に入れて、自社の数値と見比べることも非常に効果的です。同じ点、違う点を見つけ、自社の将来の姿、つまりは決算書の構造をどうすべきかを社長以下幹部で徹底議論して、将来の決算書イメージを描きたいものです。

同業他社が成し遂げた業績に追いつきたいという目標があれば、その会社の決算書に近い財務構造を目指すべきでしょう。少々ハードルが高くても実際にやっている会社が同じ業界にいるのだから、自社も挑戦する価値はあるはずです。

実際に追いつく目標があったほうが、事業計画書の内容もより具体的なものになります。財務数値を数年かけて目標に近づければ、キャッチアップする日が来るかもしれません。目標とする会社にも栄枯盛衰があり、ずっと盤石であり続けることはないのが世の常です。目標を持てば努力が報われる日が必ず来ると信じて、がんばってみてください。

すぐに追いつけない会社が目標であれば中長期的に計画を立てて、最近数年間の目標を中期経営計画に書き、直近1年間の目標を事業計画書に織り込みます。

その会社が上場会社であれば、決算書はもちろんですが、それに関連したかなり詳細な情報まで公表しているので、研究する数値やデータには事欠きません。そのため、他社の動きを分析するためにも決算書を読めるようにしておくのです。

このように、経営には決算書の知識は非常に重要であるとともに、事業計画書を作るうえでも当然のこと、決算書の理解は不可欠です。その前提となる財務数値の把握ができるようにならなければなりません。

会計学や簿記、仕訳などの専門知識の詳細まで習得する必要はありませんが、知っておくべき必要最低限の知識について次に説明します。

決算書の構造①　貸借対照表の仕組み

●生きている会社の姿を表す「会社の顔」

まずは貸借対照表です。貸借対照表は、会社の資産と負債と資本を表示して財務構造を読み取る決算書です。

貸借対照表は、会社の顔ともいえ、生きている会社の姿を表しており、健康なのか不健康なのか、金持ちなのか貧乏なのか、勢いがあるのか停滞しているのか、などが財務構造を理解すると手に取るようにわかります。

決算書を理解するコツ

起業したら、時間をつくって公認会計士の資格スクールなどで開講している簿記や会計の入門コースで決算書を読む基礎を短期間で身につけよう。その後は実践あるのみで、上場会社が公表している財務資料を読み込んでいくと、参考にしたい会社の経営戦略が見えてくる。

貸借対照表を資産、負債の残高表として単純に見るのではなく、会社全体の資金の出どころ（負債・資本）と資金の使い方（資産）として見ると、資金の流れを分析・解明する際の基礎データになります。

つまり、資本と負債が資金の調達源泉、資産側が資金の運用形態、その差額が運用結果であり、儲かれば利益、損を出したら赤字となります。利益と損失の蓄積が剰余金（内部留保）として計上され、シートの左右がバランスするため、貸借対照表は**バランスシート**と呼ばれています。

●資本＋負債＝総資本

会社は株主が自己資金を出して設立するので、いわゆる資本のことを「自己資本」と呼び、負債は金融機関など外部から借りる資金のため「他人資本」と分けて呼びます。

資本も負債も、会社が資産を持つうえでの元手にな

貸借対照表と財務構造

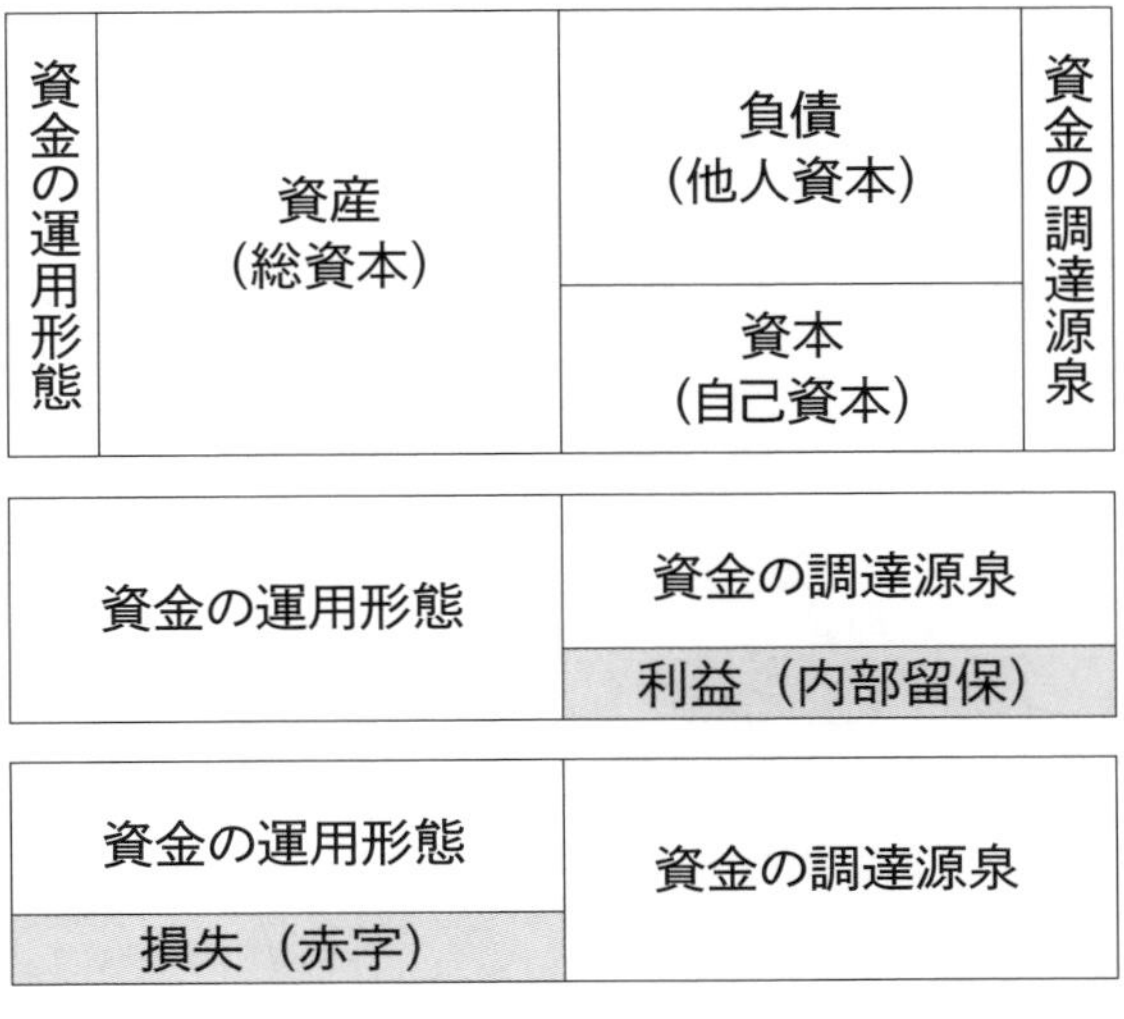

るため、広い意味で資本といえ、資本と負債の合計を「総資本」とも呼びます。そして、毎期の収益から費用を引いて、税金を払った残りの利益が資本としてプールされ（**内部留保**）、来期以降はそのまま蓄積されるか、または、資産の取得や費用の支出のために使われます（**再投資**）。

蓄積してもいいし、使ってもいいという意味で余りの資金源といえるので**剰余金**と呼ばれます。過去からの儲けがたまっている会社では、資本としてこの剰余金がどんどん増えていき、資本の金額が大きい会社になります。すると、将来的に景気が悪くなり赤字を出したとしても、累積した剰余金で十分補てんできる安定した会社になります。

さらに、資金の調達（出どころ）と運用（使われ方）を1年超のものとそうでないものに分けて区分表示すると、貸借対照表上の長期資金と短期資金のバランスがどのように図られているか理解できます。

●資産の内訳

ところで、貸借対照表の左側に記載される資産の内訳を見ると、どの会社でも最初に現預金があるはずです。

その次には売掛金や在庫があります。左側に記載する資産の順番は、いずれ債権を資金回収するか、資産を売却することで現預金にされますが、その時期が早い可能性が高

負債・資本の記載順序

資産側と同じように、最初に現預金として支払われるか、または、返済する期間が短い科目から順番に上から記載される。そして、現預金になる時間軸の違いで、1年以内に現預金として支払うか、返済する性質があるものを流動負債、1年超となる性質が高いものを固定負債、さらに長く換金されない株主が拠出した資本として表示し、それぞれの中で現預金を支出する可能性の早いものから順番に上の位置に表示される。

い順番に記載されていると考えてください。

そして、現預金になる時間軸の違いで、1年以内に現預金になる性質があるものを流動資産、1年超となる性質が強いものを固定資産として表示し、それぞれの中で換金可能性の早いものから順番に現預金に近い上の位置に表示されます。実務上は時間がかかる売掛金の回収、逆にすぐに売却してしまう建物や土地もあるかと思いますが、そもそもの資産の使われ方の性質でまとめていると思ってください。

なお、資本金としての記載部分は、資本金や過去から現在までに稼いだ利益（内部留保）が主な内容になります。固定負債に記載される長期借入金や社債よりも長く現預金として支払われない、または、換金しなくていい性質なので、資本金は負債のさらに下に記載されています。

●現預金の増やし方

以上が貸借対照表の構造ですが、会社経営は貸借対照表の最初に記載する現預金がなくなったら終わりです。

よって、現預金以下の資産を有効に使って利益を上げて現預金を増やし、当面の現預金が足りなければ資産のどれかを売却するか、借入や社債発行や増資を行って、現預金を作ります。

そして、資産を増やすために生まれた負債は蓄えた現預金で返済し、さらに現預金に余裕が出たら、増資に応じてくれた株主にはお礼として配当の支払いを繰り返します。

このように事業を毎年行い、現預金をはじめとした資産を動かした結果を、残高として決算期末の一時点で表します。

●資金の調達と運用のバランスを見る

その他、貸借対照表の中身を短期的なものと長期的なものに分けて、資金の調達と運用のバランスを見ることも有用です。

つまり、短期的に調達した資金は短期運用、長期的に調達した資金は長期運用として使うべきであり、そうしないと儲けるタイミングと返すタイミングが合わないため、資金繰り的に無理な事業展開となってしまいます。

たとえば、信用が低いために長期借入金が手当てできず、短期借入金や償還期限の短い社債で、設備投資などに必要な長期資金を賄う好ましくない例も見られます。この場合、本来は設備投資として調達した資金は長い投資回収期間の中で返済しますが、短期で調達すると投資効果が出ていないうちに返済期限が来るため、資金繰りが苦しくなります。

経営を安定させるためには、短期バランスとしては流動資産で流動負債を返せるようにし、長期バランスとしては固定資産について長期借入金や返済期限が長い社債などの固定負債や増資などの資本金で資金調達すべきでしょう。

　そうすることで貸借対照表のバランスがとれ、無理のない健全な財務内容になります。

　さらに、貸借対照表の期間比較や同業他社比較を行うと経営判断に有用です。たとえば、期間比較をすると数期間の趨勢《すうせい》を見て、資金構造の変化から事業内容の改善・悪化の状態を探れます。

　また、同業他社比較をすると競合他社との事業資産の持ち方の違いと収益構造の違いから、双方のよい点・悪い点を浮き彫りにして、今後の検討課題が読み取れます。

　その他、営業運転資金（売上債権、在庫、仕入債務など）の状況について金額水準や回転期間を項目別に分析することで、資金が積み上がるのか、目減りするのか、その事業展開を分析することもできます。

貸借対照表（B/S）

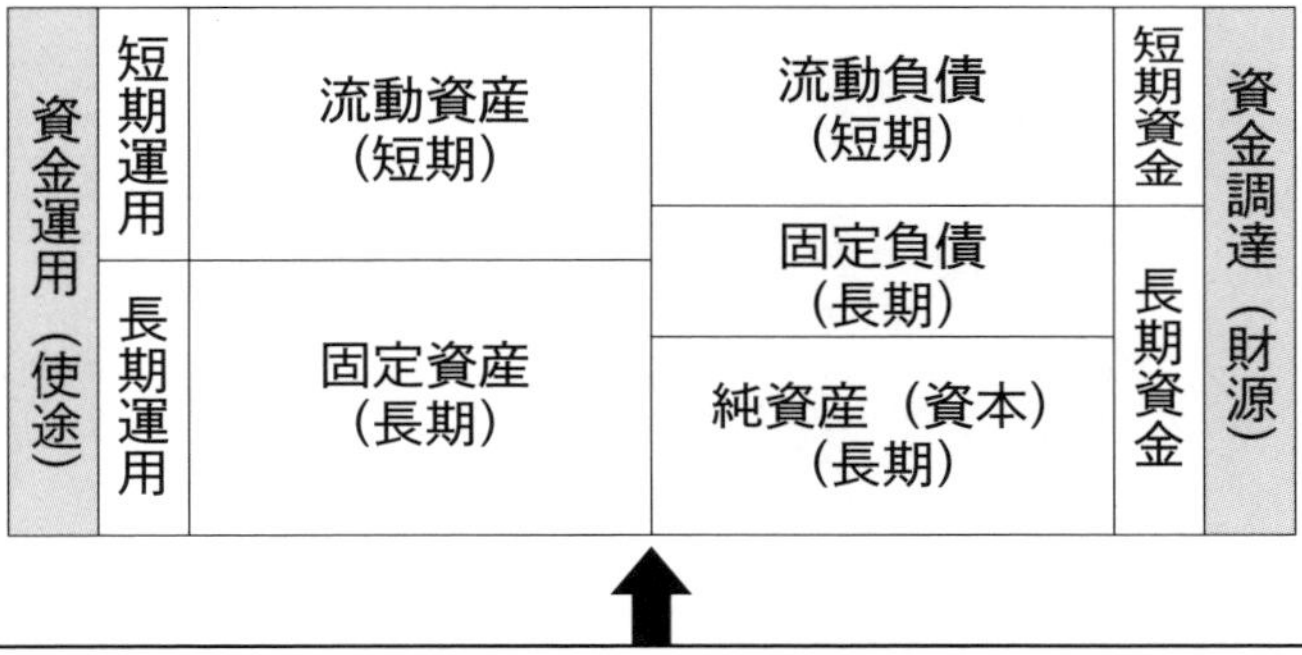

- 長期・短期のバランスで財務の安定性がわかる
- 流動資金の内訳（現預金など）で資金力などがわかる
- 固定資産の内訳（建物、機械など）で設備投資度合いがわかる
- 流動・固定負債の内訳（借入金など）で借入依存度がわかる

●事業計画に必要な資産の中身を考える

こうした貸借対照表の構造を踏まえたうえで、事業計画書を作る場合には、まずは事業で必要な資産の中身を考え、資本を増資するか、金融機関など外部から借入や社債発行をして負債を増加させるかを検討します。

資産が増加した分の見合いとして、負債か資本のいずれかが増えるので、結果として資産は負債と資本を合わせた金額と常に一致、バランスします。

なお、計画する資産としては、本社や工場の建物や設備、車両、機械、土地などがあげられますが、現預金も資産として重要なもので、すべての資金を設備等に充ててしまうと仕入代金、従業員への給料や賞与、その他の諸経費、借入の金利などの支払いができなくなります。

事業を展開するうえで欠かせない支出（運転資金）に備えて、一定の現預金を資産として持ち、コスト負担を入念に計画しておくべきです。

そして、その運転資金を計画した結果、現在の現預金だけでは不足する場合は、やはり資本か負債の増加を計画して、資金を確保する必要があります。

決算書の構造②　損益計算書の仕組み

●目標とする利益構造を吟味する決算書

損益計算書は、収益と費用を科目ごとに表示して、それらを差し引きしたうえで結果としての利益を算出する決算書です。

収益構造を収益と費用を増減させることで把握し、望ましい目標とする利益（収益−費用）構造を吟味する場合に活用でき、それを踏まえて事業計画書に目標値を織り込みます。その際、過去の実績をベースにしながら今後の増減率を勘案するだけではなく、将来の経営環境を十分に検討したうえで、増減率を吟味して決算書を計画的に作るべきです。

損益計算書を分析すると、おおよその収益力がわかります。損益項目ごとに過去からの趨勢を把握し、売上に対する原価や費用の比率、損益全体の中の各項目の構成比などを算出して傾向分析を行います。収益の水準（主に売上）、費用の水準（売上原価や販管費など）を算出し、収益から費用を差し引いて利益を算出し、収益の源泉を解明します。

導き出した損益計算書のコスト構造を他社と比較すると、売値や原価の中身の違い、仕入や人員などに対するコスト水準の違い、ＰＲ・広告宣伝や外部チャネル活用にかけるコストなどの違いがわかります。

部門別損益の把握

事業をいくつか営んでいる場合には、可能であれば事業ごと、つまり部門別の損益を把握できる資料を作るべきである。そうすることで、各部門の将来性の傾向分析を行い、部門ごとの収益力の差や成長性を分析・検討し、伸ばすべき部門、テコ入れまたは縮小・撤退すべき部門などを見いだし、経営改善することで、会社全体を強くする可能性を吟味できる。

このような期間比較・同業他社比較を通じて、費用項目ごとに不要不急な部分のコスト削減計画を立てます。逆に、事業拡大のために必要であればコスト増額の可能性を計画し、売上増・利益増を目指すための事業計画書を作っていきます。また、同業他社との比較から、収益規模や収益力の違い、自社の強み・弱み、収益力の特徴などが浮き彫りになり、会社の儲かる仕組みや特色に改めて気づきます。

ちなみに日本電産の永守氏は、どんな会社でも努力すれば営業利益率10％以上は稼げるはずだと、講演やメディアを通して力説しています。私も賛同したい考え方です。仮に10％に至っていない会社は、売値を適正水準に上げる、または削減できるコストを下げるなどの改善努力を行い、中長期的に営業利益率10％を実現すべきです。儲かる仕組みを、ぜひ手に入れて下さい。

損益計算書（P/L）

売上高	…会社の規模や業界内での位置づけがわかる
売上原価	…販売するモノやサービスの原価コストがわかる
売上総利益	…仕入調達能力、生産レベル、コスト競争力などがわかる
販売費・一般管理費	…営業施策や固定費、間接コストの水準がわかる
営業利益	…会社の本業（営業活動）における収益力がわかる
営業外収益	…本業以外の収益力が何であるかがわかる
営業外費用	…金利負担水準、その他本業以外のコストなどがわかる
経常利益	…財務活動も加味した収益力がわかる
特別利益	…通常ではない増益要因があったかがわかる
特別損失	…通常ではない減益要因があったかがわかる
税引前当期純利益	…１年間の事業すべての儲けがわかる
法人税・住民税・事業税	…税金負担水準がわかる　┐税金費用
法人税等調整額	…税効果適用水準がわかる　┘
当期純利益	…最終的な１年間の儲け（内部留保できる水準）がわかる

決算書の構造③　キャッシュフロー計算書の仕組み

キャッシュフロー計算書は、事業全体の資金を営業活動、投資活動、財務活動の３つの資金に区別して、それぞれの活動ごとに内容を表示する決算書です。

３つに区分表示することで、事業展開の結果、どのように資金を生み出したか、またはどのようなことに使ったのか、といったことが把握できます。これは、損益計算書ではわからない、会社全体のキャッシュの動きといえます。

●営業活動によるキャッシュフロー（営業C／F）

営業C／Fは、本業で稼いだ資金の増減です。C／Fとしての資金が増加していれば事業展開は健全といえ、逆に3年以上減少が続くと倒産リスクが高まります。

会社の魅力を表す経営用語に「企業価値増大」がありますが、その価値の源泉はまさに営業C／Fであり、この資金が増加すれば、設備投資や研究開発投資や財テクができ、配当をする余裕も生まれます。会社としての信用も増大し、投資家にとっても魅力的な会社に映り、結果として株価が上昇する原因にもなっていきます。

営業C／Fの増大は、社長の最も重要な目標とすべきです。そうすることで株主価値創造（高配当と株価上昇を実現していく経営）を実現する資金の源泉を得ることができます。

●投資活動によるキャッシュフロー（投資C／F）

設備や株式などの取得や売却によって動く資金の増減を表すものです。

事業展開を加速するために設備投資やM＆Aを果敢に行う、または次に使うまでの余剰資金運用としての財テクを行うことでマイナス（資金減少）になりますが、通常は将来の資金増を

フリーキャッシュフロー（FCF）

企業本来の営業活動により獲得した「営業キャッシュフロー」と現在の事業維持のために投資に回した「投資キャッシュフロー」を足したもので、企業が事業活動から獲得した自由に使える資金を表す。企業の戦略的な事業展開の元手となるほか、借入返済原資ともなり、財務的健全性を高める役割もある。金融機関などに頼ることなく、自立して事業活動を継続する企業体力の源泉としてできるだけ増加させることが重要である。

実務上の算定式はいくつか考え方があり、一番簡単なものは次のとおり。

FCF ＝営業 C/F ＋投資 C/F

営業 C/F および投資 C/F でプラスになった部分は事業で稼いだ資金のため、株主や債権者や金融機関などからフリーな資金という意味で FCF（Free Cash Flow）と呼んでいる。投資 C/F がマイナスであれば、その分を営業 C/F から差し引くことで残りが FCF ということになる。

社長として FCF を少しでも増やしていければ、事業を自らの意思で果敢に実践しやすくなる。

なお、財務 C/F は、株主や債権者や金融機関などの資金の出し手との契約の中で資金を使うという意味で制約があり、自由な資金ではないため FCF には含まれないことになる。

目指す健全な減少であり、その効果が出てくる年になるとプラス（資金増加）に転じることになります。短期的に一喜一憂せず、長期的に経営判断すべきです。

数年間の推移を見ると、投資の結果としての資金の増減のよし悪しがわかります。

●財務活動によるキャッシュフロー（財務C／F）

資金の調達とそれに伴う返済などで動く資金の増減を表します。営業活動を加速する場合、人員増、研究開発拡大、設備投資、M＆Aなどを果敢に行うことになりますが、その資金は内部留保が足りなければ増資、社債発行、借入などで確保します。

その活動の結果として配当支払い、返済、償還、金利払いなどが必要になりますが、それらも含めた一連の動きを財務活動といいます。

投資活動を活発に行うと自己資金が不足しがちになり、投資活動は大きくマイナスになる傾向がありますが、将来の成長のための投資であれば健全な動きといえ、財務活動で積極的に資金を調達して投資活動を支えます。

貸借対照表は、資金の出入りを残高として把握できますが、資金がどう生まれ、どう使われたかといった詳細な資金の流れ（キャッシュフロー）までは把握できません。そのため、資産や負債や資本がどのように増減したかを把握する、つまりキャッシュの流れを把

勘定合って銭足らず

P/L で利益が出ているのに会社のカネが少なく、資金繰りが悪い状態を指す。原因としては、売ったのに売掛金の回収が滞る、在庫を抱えすぎて換金が遅れている、仕入代金の支払いが前渡しや現金精算のため、モノやサービスを売る前に支出が多い場合などに生じやすい。最悪の場合、黒字倒産に至る。

握するためには、キャッシュフロー計算書の作成が不可欠となります。

また、キャッシュフロー計算書を期間比較すると、以前と比べて、営業活動としてキャッシュフローを稼げているか、投資活動として将来に備えた研究開発や設備投資や財テクが活発かどうか、財務活動として運転資金や設備資金をどのような財務手法で賄っているかなどが明確になり、会社のキャッシュの流れがすべてわかります。事業計画書を作る場合、損益計算書と貸借対照表の計画に沿った資金の流れを計画して、事業活動の動きを反映したキャッシュフロー計算書の計画を作ります。

ちなみに、事業の流れの説明とキャッシュフロー計算書の中身がほぼ同じ内容になれば、現実的な動きを計画できたことになります。

一般的には、貸借対照表と損益計算書は決算書として重要性を認知されていますが、キャッシュフロー計算書がなければ、事業の流れの全体が見えてこないので、事業ストーリーが完結しません。

なお、上場会社はキャッシュフロー計算書を開示しているので、上場している同業他社比較も容易にできます。

営業キャッシュフローを増加させている会社や、うまく資金調達している会社があれば、自社とのキャッシュフロー構造の相違を分析し、どうすれば同じようにキャッシュが増大する事業構造にできるかを検討しましょう。

キャッシュフロー計算書（C/F）

	中計1年目	中計2年目	中計3年目
営業キャッシュフロー			
営業利益	事業展開でお金が積み上がっているかがわかる！		
非資金費用（償却費など）			
売上債権増加（営業運転資金の増減）			
仕入債務増加（営業運転資金の増減）			
未払債務増加（営業運転資金の増減）			
支払利息			
税金費用			
受取利息・配当			
その他増減			
…			
投資キャッシュフロー			
有形固定資産および無形固定資産の取得支出	会社の設備投資や投融資の状況がわかる！		
有形固定資産および無形固定資産の売却収入			
有価証券などの取得支出			
有価証券などの売却収入			
貸付けによる支出			
貸付金の回収			
…			
財務キャッシュフロー			
借入金による収入	ファイナンスや配当方針を中心に財務戦略がわかる！資金調達が見える！		
借入金の返済による支出			
社債の発行による収入			
社債の償還による支出			
株式の発行による収入			
自己株式の取得による支出			
配当金の支払額			
…			
現金及び現金同等物の増減額			
現金及び現金同等物の期首残高			
現金及び現金同等物の期末残高			

※現金としては、手元現金、普通預金、通知預金、当座預金などがある。また、現金同等物としては、定期預金、譲渡性預金、コマーシャルペーパー、現先（げんさき＝短期の資金取引）、公社債投資信託などがある。ただし、この定義に入るものであっても、容易に換金可能であり、かつ、価値の変動についてわずかなリスクしか負わない短期投資に限っている。つまり、短期間で換金可能性の高いものだけが現金同等物として範囲に含まれる点に、留意。

CHAPTER_5

事業計画書作りに役立つ経営指標

自社に関連する経営指標を活用する

事業計画書を作る際には、この章で説明する経営指標が役立ちます。売上をはじめとした損益科目や、売掛金をはじめとした残高科目が経営指標の計算式に含まれているからです。たとえば、売上の計画数値が決まると、計算式から逆算して関連する勘定科目も計画数値を導き出せるため、損益計算書や貸借対照表の主な勘定科目を見積もることができます。

主な経営指標を理解して計画数値を見積もるスキルを磨き、事業計画書の中で、損益計算書や貸借対照表の計画数値を導き出してみてください。

経営指標の出し方を体得すると、過去の自社の指標や競合他社の数値を分析して、事業計画書の中に織り込んでいくことができます。

とくに上場会社はデータが公表されているので経営指標を計算して比べ、自社の経営指標のどれを改善すべきかを検討して今後の目標を立てていきます。

上場会社のデータだけでなく、業界の経営指標がわかるなら活用したいところです。業界のデータは公的な資料などで公表されている場合もあります。悪くても業界平均を目標にするとか、平均以上を目標にするというやり方をしてもよいでしょう。

なお、ここで説明する経営指標のすべてについて点検するのが煩雑ならば、自社が重要と考えるいくつかの経営指標だけを必ずチェックする主要指標としてピックアップし、目標を設定するのもよいかもしれません。

継続的に毎期算出することを考えて、事業ストーリーとして経営指標がだんだんよくなるように計画し、実行すれば必然的に会社全体の経営効率は上がっていくはずです。

経営指標① 事業の安全性を分析する

事業の安全性を見る経営指標の代表例には次の3つがあり、支払い能力の水準を短期、長期、財務バランスなどの観点から分析できます。

●短期的な支払い能力を「流動比率」で分析

流動比率は、下記のように流動資産が流動負債に占める割合を示す経営指標です。1年以内に資金が出ていく可能性の高い短期負債（流動負債）を、1年以内に資金が入ってくる可能性の高い短期資産（流動資産）で賄えれば、短期的な資金手当てで一定の安全性があると判断します。

よって、流動比率が高いほうが支払い能力に余裕があると判断でき、経営は安定してい

$$\text{流動比率}(\%) = \frac{\text{流動資産}}{\text{流動負債}}$$

るといえます。流動比率は、できれば２００％以上が理想ですが、実際はもう少し低い会社が多いようです。

仮に、すぐに資金化できないものが含まれている場合は、流動性が少ないという観点からその部分を除くことも検討する必要があります。

●長期的な支払い能力は「固定比率」で分析

固定比率は、下記のように固定資産が株主資本に占める割合を示す経営指標です。株主資本によって、長期的に資金を生み出す固定資産をどの程度賄っているかを示します。

固定比率が１００％以下であれば、企業が所有する固定資産は、借入をせずに長期間払い戻さない株主資本だけで調達できていることになり、無理のない設備投資水準といえます。

固定長期適合率は、固定比率が１００％を超える場合、下記のように固定負債も含めた広い意味の長期資金で長期性資産を賄えるかを示す経営指標であり、この率が１００％以内であれば、長期資金で調達と運用がなされ、一定の安全性があるといえます。

●資本構造の健全性を「株主資本比率」で分析

株主資本比率は、次ページ下のように株主資本が総資本（負債＋資本）に占める割合を

$$\text{固定比率}(\%)=\frac{\text{固定資産}}{\text{株主資本}}$$

$$\text{固定長期適合率}(\%)=\frac{\text{固定資産}}{\text{固定負債}+\text{株主資本}}$$

示す経営指標で、「自己資本比率」とも呼びます。ちなみに、株主資本は、将来配当や残余財産分配などを行うことが現実的になるまでは返済義務を負わない資金であるため、株主資本が充実していることで会社の安全性を保てます。なお、株主資本比率は50%を超えていることが望ましいといわれていますが、日本は全体的に過小資本の会社が多いのが現実です。

経営指標② 収益性を分析する

収益性を見る代表的な経営指標は、次の4つがあり、会社がどれだけ利益体質であるかを見るもので、具体的な利益金額ではなく比率で分析します。

●総合的な収益性は「営業利益率」で分析

営業利益率は、事業活動全体の成果を示す経営指標です。この率が高ければ事業活動が効果的に行われていると判断でき、競合他社と同じ売上規模でも営業利益率が高ければ、より高い利益を

予算作成と戦略＆戦術

売上と営業利益の関係は、予算を作る際に一番活用できる経営指標。売上計画が完成すると過去の実績からおおよその営業利益率を見積もれる。たとえば、自社の営業利益率が経験上20%だとすると、売上予算が年間１億円の場合に営業利益は2000万円（１億円×20%）の予算になる。しかし、もう少し営業利益を増加させる目標がある場合は、売上を増加させる計画を立てるか、売上原価を以前よりも少なくできるようにするか、販管費を全体的に削減するようにするなどして、戦略と戦術との関係から自社の計画を練り、事業計画書に反映させる。

$$\text{株主資本比率（自己資本比率）（\%）} = \frac{\text{株主資本}}{\text{総資本（負債＋資本）}}$$

上げられます。そのような会社は儲かる仕組みを持っている可能性が高く、毎期の利益を蓄積していけば、業界でも安定的に上位の地位を手に入れやすくなります。このほか、売上に対する比率として、粗利益率、経常利益率、当期利益率などの分析も有用です。

●投資リターンは「ROE」で分析

株主資本利益率（ROE）は、下記のように株主資本を活用して得られた利益の割合を示す経営指標です。ROEは「Return On Equity」の頭文字です。通常、この計算で使う利益は、税金を支払ったあとの最終利益である当期利益を計算式で用います。

この分析によって、株主から受託した資本を使ってどの程度の利益を獲得したかを判断でき、ROEが高いほど稼げる会社ということになり、資本効率のよさを表す代表的な経営指標といえます。

実際に、比較的単純に算定できるため、株主に成果を報告する際に利用機会が増えています。

一般的に、ROEが高いほど収益力が高いと判断されやすいので、投資家にROEの目標値を示す上場会社も増えています。なぜ株主がROEを気にするかといえば、ROEの上昇は1株当たり利益（EPS）の向上、そして株価の向上に貢献するため、保有する株式価値が向上するからです。

$$営業利益率(\%)=\frac{営業利益}{売上高}$$

$$株主資本利益率【ROE】(\%)=\frac{当期利益}{株主資本}$$

ちなみに、ＲＯＥを向上させるには、算式の展開を見ると、売上高利益率を高くすることが不可欠ですが、売上高利益率の向上だけではなく、回転率と財務レバレッジの向上も必要なことがわかります。

回転率は、同じ総資本（自己資本＋他人資本）であれば売上高が大きくなればなるほど高まり、ＲＯＥを向上させます。総資本＝総資産ですから、会社の資産を使って、売上をより大きく上げられれば資本効率のよいことが明らかになります。

もしくは、総資産を減らすことができれば回転率は高くなるので、無駄な資産を減らす、借入などを減らす、純資産を減らすなどの実践によって改善することもありえます。

また、財務レバレッジは、同じ総資本でも、少ない株主資本で借入などの負債を多くしたほうがより高い数値となり、ＲＯＥを向上できますので、少ない資本で負債を多くして事業を大きくしていくと改善します。

このように、少ない株主で資本を維持し、借入などを多用して事業を拡大し、投資リターンを増やすことを「レバレッジ経営」

ROEを向上させるために、改善すべき項目

ROE	＝売上高利益率	× 回転率	× 財務レバレッジ

$$\frac{\text{当期利益}}{\text{株主資本}} = \frac{\text{当期利益}}{\text{売上高}} \times \frac{\text{売上高}}{\text{総資本}} \times \frac{\text{総資本}}{\text{株主資本}}$$

ROEの目標水準

上場会社では、とりあえずROE８％以上を目指す動きがある。欧米企業の優良会社では12～18％程度、最上位は20％超の水準にある。最近ではROEが高い日本の会社も増えつつあるが、まだまだ日本の会社全体としては低い。

このため、非効率または不採算な事業は整理するとともに、儲かる事業に経営資源を集中することで、売上増、利益率向上を目指し、収益性や資本効率の向上を図り、その結果としてROEの向上を実現していくべきである。

と呼びます。

なお、収益性の向上に加え、資本効率の向上、総資本の構成や規模の大小で、ROEの水準に大きく影響するので、利益率、回転率、財務レバレッジなどを総合的に検討して事業をコントロールしていく必要があります。

●投資リターンは「ROIC」でも分析

投下資本利益率（ROIC：Return On Invested Capital）は、下記のように会社が事業活動のために投じた資金を使って、どれだけ利益を生み出したかを示す経営指標であり、ROE以外に投資リターンを分析する概念です。

一般的に、会社は株主から預かった株主資本（自己資本）と金融機関などから借り入れた有利子負債を投下して事業を行いますが、株主資本に対する当期純利益の割合を示すROE株主に対して、ROICは、有利子負債も含む「実質的な投下資本からどれだけ効率的に利益を稼いだか」を測るための指標といえます。

分子には、事業から得られる利益として、税引後営業利益（NOPAT：Net Operating Profit After Taxes）を使います。

これは金利や配当を支払う前の利益であるため、投下資本、つまりは事業資金の提供者である金融機関、社債権者、株主などに対するリターン（金利や配当）の支払い原資とい

$$
\text{投下資本利益率【ROIC】(\%)} = \frac{\text{営業利益} \times (1 - \text{実効税率})}{\text{株主資本} + \text{有利子負債}}
$$

え、このＮＯＰＡＴを増やせれば、投下資本に報いることができます。そして、営業利益から必ず控除されるコストとして税金費用があるので、税金相当を差し引いた金額を投下資本に対して稼いだ利益（ＮＯＰＡＴ）と考えます。

また、分母に株主資本と有利子負債を使うのは、株主から預かった資金と借りてきた資金の両方を足した資金を投下した資本と考え、その「投資される資金でどれだけ稼いだか」を見る指標です。借入が多い会社は、ＲＯＩＣのほうがより経営実態に近づくはずです。

ＲＯＥのほうは、株主から預かった資金でどれだけ稼いだかを見る指標です。株主価値を最大化することが事業目的であり、借入はそのための手段にすぎないという考えです。ＲＯＥは投資リターンというよりは、株主リターンの水準を追求しているといえます。

なお、ＲＯＩＣの分母には考え方がもう一つあり、下の算式になります。

事業を展開するうえでの資金運用の観点から考えたもので、運転資金や設備をどの程度投じて稼いでいるのかを把握するものです。

実務上は、株主資本や有利子負債を事業別に分けにくいので、いくつかの事業をしている場合、事業別にＲＯＩＣを分析するのに、この算式が便利です。

ただし、本社社屋、福利厚生施設、研究所など非事業用資産が多く存在する場合には、事業別にそれらをどう負担させるかなどの検討は必要になります。

$$\text{ROIC}(\%)=\frac{\text{営業利益}\times(1-\text{実効税率})}{\text{運転資本}+\text{固定資産}}$$

●総合的な投資効率を「ROA」で分析

総資本利益率は、下のように総資本を活用して得られた営業利益の割合を示す経営指標であり、「Return On Asset」の頭文字を取ってROAと呼ばれます。その際、利益は営業取引全体の結果として獲得した、営業利益を計算式で用います。

この計算式によって、会社が投下したすべての資本（総資本）が、「営業活動においてどれだけ利益（営業利益）を獲得できたか」を判断できます。

ROAが高いほど会社の収益力が高いといえます。また総資本、つまりは会社の資産をどうせ使うのであれば、より儲かる事業に資本を投入したほうが利益は上がるので、資産の配分をよくよく考えて事業を展開すべきであり、それを実践することが資本効率を高めることにつながるのです。

経営用語として、「事業の選択と集中」という言葉がよく使われますが、利益率の高い事業に資産を配分していくことで、全体の利益率を向上させていく考え方です。具体的には、利益率の低い事業を売却または撤退して、より利益率の高い事業に集中していく方法であり、そうすることでROAもおのずと向上していきます。

$$総資本利益率【ROA】(\%)=\frac{営業利益}{総資本}$$

経営指標③　生産性を分析する

生産性を見るための経営指標には、生産額としては付加価値、それに対する寄与度としては労働生産性、資本生産性などがあります。

●事業で生み出した生産額を「付加価値」で分析

付加価値は、事業活動の結果、稼いだ正味の生産額を示す経営指標であり、外部から購入した仕入代、材料や部品代、外注費などを利用して事業を行った結果、会社内部で業績に付加された価値を表します（**付加価値①**参照）。

また、付加価値にはもう一つの考え方があります。事業を通して生み出された会社自身の利益としての価値だけでなく、雇用・利子・税金などを負担することで、社会に還元・貢献される価値を生み出しているとする算式で表されます（**付加価値②**参照）。

●従業員の働き方の有効性を「労働生産性」で分析

労働生産性は、次ページ下のように、事業活動における人材の有効活用度を示す経営指標であり、従業員１人当たりの付加価値を表しています。

付加価値①＝売上高－（仕入代＋材料代＋部品代＋外注代）

付加価値②＝経常利益＋減価償却費＋人件費＋金融コスト＋賃借料＋租税公課

労働生産性が高いということは、効率的に従業員が働いており、結果として、業績に対する貢献度が高いということになります。

ちなみに、労働生産性を上げるためには、算式の展開を見れば明らかであり、従業員1人当たりの売上高を上げることです。従来は、売上規模が大きくなると、比例して従業員数も増える事業が多くありました。

しかし、最近は主な業務プロセス（企画、開発、購買、物流、販売）の多くを外部連携先に任せる会社が増え、それらの会社は1人当たり売上が高くなり、労働生産性が向上するため、結果として効率的な経営をしていることになります。

また、インターネット上でのサービスを主な事業にしている会社も、少ない社員数でITをフル活用して事業活動をしているため、1人当たり売上が高くなる傾向にあります。

この傾向は、AI（人工知能）、ロボットの普及が進むとさらに加速し、社員は知的な生産やサービスを中心に担い、働き方改革が進めば、労働生産性がどんどん高まっていくと考えられます。AIやロボットに仕事を奪われるといった、世間によくある話題はナンセンスであり、それらを使いこなすことで人間自らの生産性は上がっていくことでしょう。

$$\text{労働生産性}=\frac{\text{付加価値}}{\text{従業員数}}$$

$$=\text{1人当たり売上高}\times\frac{\text{付加価値}}{\text{売上}}$$

経営指標④　キャッシュフローを分析する

キャッシュフローの状況を見るための経営指標は、次の5つです。

●資金効率はCCCで分析

CCC（キャッシュ・コンバージョン・サイクル：Cash Conversion Cycle）は、「現金残高↓仕入↓現金支払い↓売上↓現金回収」という一連の現金の流れにおける各プロセスの回転日数に基づいて、運転資本の手当てに必要な期間（日数）を明らかにする経営指標です。

実務上、自社における仕入の現金支払いから売上に伴う現金回収までの日数を管理すると、資金効率の状況が見えて資金繰りの改善のためのヒントを得られます。

その際に有効な考え方としてCCCがあり、このCCCにおける日数が小さいほど資金繰りは良好で、マイナスであれば借金をせず自己資金でやりくりできるケースも多くあります。

CCCを実務上も把握できるようなら、事業計画書において、CCCの目標を立てて、前期よりも改善する、つまりはCCCの日数を減らす、可能ならばマイナスにする施策を

CCC（日数）＝売上債権回転日数＋棚卸資産回転日数－仕入債務回転日数

立てることができます。

たとえば、取引先との取引条件の変更交渉や自社の業務の流れの見直しをするなどして、売上債権や棚卸資産を減らすか、仕入債務の支払いを長くできれば、CCCは改善します。なので、改善策に沿って事業計画書の売上債権、棚卸資産、仕入債務の目標数値を年度ごとに変化させる計画を立てることも有益です。

なお前ページ下のように、CCCを算定する基礎になっている売上債権回転日数、棚卸資産回転日数、仕入債務回転日数について、次に説明しておきます。

まず、**売上債権回転日数**（次ページ参照）は、売上債権が現金化されて回収するまでの日数を示す経営指標です。

この期間が長ければ資金繰りが悪化していることを示していて、入金が遅延し、最悪の場合には貸倒れが発生する債権残高があるおそれがあります。

通常、売上債権とは、受取手形（割引手形を含む）や売掛金のことを指しますが、未収入金など別の勘定科目であっても売上代金の回収に伴う債権である場合は、すべて売上債権に含めます。

また、売上代金について前受金を受け取る場合は、資金の回収がすでに完了しているわけですから、計算式上は売上債権から前受金の金額を差し引きます。

CCC の業種ごとの特徴

一般的に、CCC がマイナスとなっている業種は飲食料小売業、宿泊業、飲食店、医療業、美容業で、これらはいずれも「日銭」を稼ぐ商売である。

逆に、メーカー、卸売業、不動産業などはプラスになる傾向があり、資金負担が重いため、資金調達をしなければ一般的に事業ができない。

いずれにしても、CCC の水準は同業の中である程度の傾向はあるものの、少しでも競合他社よりも少ない日数にできれば資金繰りを有利に進めることができ、事業に投入できる資金をより確保することが可能になる。なので、CCC を有利にする努力をすべきである。

CCC算定の基本

日数が小さいほど資金繰りは良好であり、さらにマイナスであれば、借金をせず自己資金でやりくりできるケースも多くある。

キャッシュ・コンバージョン・サイクル（CCC）（日）
＝売上債権回転日数＋棚卸資産回転日数－仕入債務回転日数

購入	販売	入金
棚卸資産回転日数（日）	売上債権回転日数（日）	
仕入債務回転日数（日）		運転資本調達期間（日）

$$\text{売上債権回転日数(日)}=\frac{\text{売上債権}^{※1}}{\text{売上高}}\times 365\text{日}$$

※１　売上債権=売掛金＋受取手形＋割引手形ー前受金

$$\text{棚卸資産回転日数(日)}=\frac{\text{棚卸資産}}{\text{売上原価(または売上高)}}\times 365\text{日}$$

$$\text{仕入債務回転日数(日)}=\frac{\text{仕入債務}^{※2}}{\text{売上原価(または売上高)}}\times 365\text{日}$$

※２　仕入債務=買掛金＋支払手形ー前払金

運転資本（WC）＝売上債権＋棚卸資産－仕入債務

次に、**棚卸資産回転日数**（前ページ参照）は、棚卸資産を仕入れてから売るまでの日数を示す経営指標です。

棚卸資産が過大になると売るまでの日数が長くなりがちなので、現金化が遅れて資金の効果的運用ができません。棚卸資産はコストであるという意識が大切です。なお、仕入には売っていない在庫も含まれているため、分母には当期仕入は使わず、売上原価（または売上高）を計算式に用います。

在庫を仕入れてから実際に販売されるまでの平均的な日数を把握したい場合は、分母に売上原価、在庫を売るまでに要する日数を把握したい場合は、分母に売上高を用います。

最後に、**仕入債務回転日数**（前ページ参照）は棚卸資産を仕入れてから仕入代金を支払うまでの日数を示す経営指標です。

回転日数が長期になれば、支払いタイミングが遅くなるので資金繰りは楽になります。また、仕入債務回転日数の計算式は棚卸資産回転日数と同様、分母に売上原価または売上高を用います。

通常、仕入債務とは、支払手形や買掛金ですが、未払金などの勘定科目でも仕入債務が含まれているのであれば、その分も計算式に加えます。同時に、仕入れる前に手付金として仕入代金を前払いしている場合には、前払金を計算式から差し引きます。

運転資本と資金繰り管理

売上債権と棚卸資産は、現金化する前の入金待ちの状態、一方で、仕入債務は現金支払いをまだしていない、支払いの先延ばしの状態といえる。そして、入金待ちの金額が支払いの先延ばしの金額よりも多ければ、その差額分だけ支払いが先行するため、資金繰りとして短期的な資金調達が必要な状態になる。そのような資金需要を満たせるように資金繰りを管理しないと最悪の場合、資金ショートを起こして倒産するおそれもあるので、運転資本を管理することは経営上も重要な課題となる。

●資金需要は「運転資本」で分析

運転資本は、123ページ下のように短期的な資金需要の水準を見る経営指標であり、**ワーキングキャピタル（WC）**とも表現されます。

通常は、事業が拡大していくと運転資本も大きくなります。事業を大きくすると、実際にやりくりする資金需要も大きくなるため、資金を確保する財務的な観点が必要です。この点を見誤ると資金不足で経営が立ちゆかなくなります。

一般的に、事業は最初に仕入れて仕入債務が発生し、棚卸資産となり、その金額よりも高い価格で販売して売上債権が発生します。売上債権と棚卸資産の合計のほうが、仕入債務よりも多くなるため、運転資本がプラスになり、事業運営上、その分の資金が必要になり、資金需要が高まります。

●キャッシュフローの状況を「EBITDA」で分析

EBITDAは、総資本に対してどの程度のキャッシュフローを生み出したかを簡易的に示す経営指標です。

下のように、2種類の算式があり、会社間で比較をする際は、2種類のどちらかを選び、同じ前提で財務分析をします。

この指標は、償却規模や金利コストに左右されない段階の純粋な事業活動で獲得した利

EBITDA ＝営業利益＋減価償却費

または

EBITDA ＝経常利益＋減価償却費＋支払利息

益水準が把握できます。

ちなみに、営業利益は減価償却費を差し引いたあとの利益で償却した影響を受けているので、営業利益に減価償却費を足すことで償却規模に影響されない当期に獲得したキャッシュフローを算出できます。

また、経常利益は減価償却費のほか金利も差し引いたあとの利益なので、支払利息を足すことで償却規模や金利水準に影響されない当期に獲得したキャッシュフローを算出できます。

なお、事業の実態やキャッシュの流れを吟味した慎重な検討が必要ですが、大きな設備投資やM＆AがなければＥＢＩＴＤＡとＦＣＦ（フリーキャッシュフロー）は近い数値になるため、ＦＣＦの代わりに算出が簡易なＥＢＩＴＤＡを経営指標に使う場合が多いのです。

●キャッシュフローの状況を「キャッシュフロー・マージン」で分析

キャッシュフロー・マージンは、次ページ下のように事業の全体を端的に表す売上高を稼いだ結果として、今後の成長資金に使われることになる営業キャッシュフローをどの程度獲得したかについて割合で示した経営指標です。

よく使う指標である営業利益率だけでは、売上債権、在庫、減価償却などの水準の

EBITDA と FCF

EBITDA は比較的簡単に算出でき、かつ、FCF（フリーキャッシュフロー）に近い経営指標であるため、実務でキャッシュフローの状況を判断する場合に便利に使える。しかし、FCF との大きな違いは設備投資や M&A で支出したキャッシュフローを FCF では差し引くが、EBITDA は算式からも明らかなように全く考慮していない。そのため、投資活動が活発な会社においては、EBITDA ではなく、きちんと FCF を算出して獲得したキャッシュフローを把握しないと、経営判断を間違う点に留意すべき。

よし悪しはわかりません。

事業活動の結果、真にキャッシュフローを増大できたか、つまり資金を稼げたかを見るにはキャッシュフロー・マージンが重要です。

●キャッシュフローの状況を「EVA」で分析

EVA（経済的付加価値）は、**資本コスト**[*18]を超える利益を稼いだ結果としての事業の価値を示す経営指標であり、「Economic Value Added」の頭文字です。一般的に、資本コストは、**WACC**（加重平均資本コスト）を用いることが多く、負債利子に株主のキャピタルゲインや配当への期待コストを織り込んだ概念です。

ＥＶＡの考え方としては、事業が生み出した本業における真の利益（リターン）は「税引後営業利益」であるとしたうえで、その水準が投下した資本コストを超えていれば、その事業が価値を生み出していると考えます。

つまり、税引後営業利益から資本コストを差し引いたあとがプラスなら、その価値が資産に投資した資本に対する費用、つまり資本コスト以上の価値を生み出していることになり、キャッシュフローの増大を生むと考えます。

この考え方は、資本コストに含まれる株主資本コストも十分吸収できる考え方なので、株主価値も十分カバーした良好な経営も同時に実現しているといえます。

$$キャッシュフロー・マージン＝\frac{営業キャッシュフロー}{売上高}$$

EVA（経済的付加価値）＝税引後営業利益－資本コスト

経営指標⑤　そのほかに押さえるべき指標

そのほかに、事業計画書を作る際に役立つ実務的な経営指標を紹介します。損益分岐点分析のほか、売上をはじめとした損益項目と回転率の組み合わせで目標数値を算出する指標です。また、売上に連動して増減しやすい費用項目（変動費）は、過去の売上に対する比率を把握して、事業計画書で想定した売上高にその比率を乗じることで、各費用の計画数値を算出していきます。

ちなみに、変動費とは、売上に比例してコストが増減する費用であり、生産量や販売量の変化に対して比例する関係にあります。実務的には、変動費に該当する費用項目は会社ごとに異なりますが、原材料費、売上原価、外注加工賃、販売手数料、旅費交通費、荷造運賃などが一般的には当てはまります。

一方、固定費は売上の大小に関係なく発生する費用であり、人件費、減価償却費、賃借料、研究開発費などが一般的には当てはまります。

実務においては、変動費か固定費か判断しにくい費用も多いので、原則として、売上高に連動する要素が大きい費用項目を変動費、そうでないものを固定費として分けます。

事業計画書において、変動費に該当する費用項目は、売上に対する比率をあらかじめ求

＊18 資本コスト

資本コストとは、会社が、借入（他人資本）や増資（自己資本）をする際に必要なコストであり、代表例としてWACCがある。また、利益を稼ぐ、価値を創造するという点からすると、資本コストを８～10％程度と判断し、それをROAやROEが上回る必要があると考え、最近ではROEを８％以上、さらには10％以上を目標にする会社も増えている。

めておき、売上金額が決まり次第、それぞれの売上に対する比率を乗じると各費用項目の金額も算出できます。

しかし、固定費は売上の水準とは別に戦略と戦術の必要に応じて人件費計画や設備投資計画、研究開発費計画を立て、それをもとに費用を見積もります。（PART 2・STEP 5参照）

●損益が黒字か赤字かの分岐点を「損益分岐点売上」で分析

損益分岐点売上は、下のように赤字から黒字に転じる売上の水準を示す経営指標であり、その水準を把握することを損益分岐点分析と呼びます。

一般的に、事業が軌道に乗って、固定費を吸収できるような売上水準になるまで赤字が続きますが、吸収できる水準に達すると、その後は売上と連動して発生するコストである変動費を除いた分は黒字となり、それ以降は売上が増えれば増えるほど利益が積み上がっていきます。

損益分岐点売上および目標売上

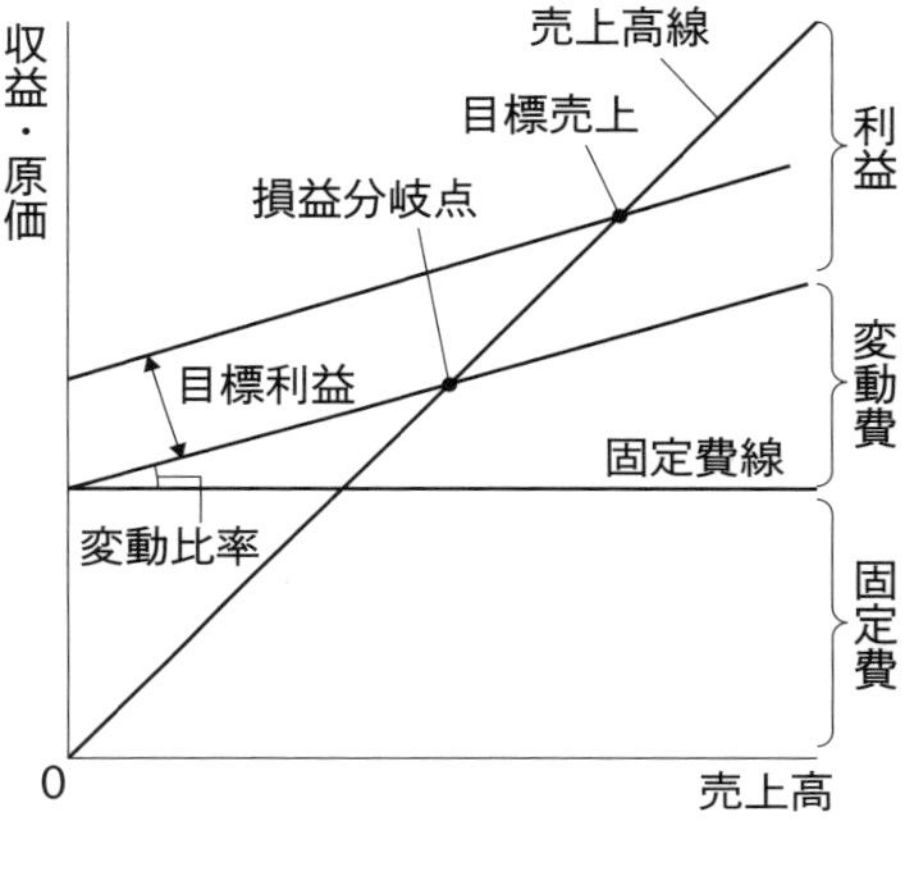

損益分岐点売上＝

$$\frac{\text{固定費}}{1-\text{変動費率}}$$

目標売上＝

$$\frac{\text{固定費}+\text{目標利益}}{1-\text{変動費率}}$$

事業計画上で確保すべき利益目標を立てたときの売上の計画数値となる

たとえば、損益分岐点が低い、つまりは固定費の水準が低いと、少ない売上でも早くから利益が出るため、固定費はなるべく低いほうが早期に利益体質に転換できます。

さらに、損益分岐点売上の算式を利用して、固定費に目標利益を加えれば、損益分岐点を超えて獲得したい利益を出すための売上目標を算出できます。

事業計画書を作る場合も、損益分岐点売上の考え方を活用すべきであり、発生するコストを勘定項目ごとに固定費と変動費に分けて、固定費は個別に計画し、変動費は売上に連動した比率をあらかじめ過去のデータから把握し、その比率を計画した売上に乗じて金額水準を勘定項目ごとに算出します。

●回転率(資産や資本を効率よく利用しているかがわかる経営指標)

売上債権回転率が高ければ高いほど売上債権が回収されるまでの期間が短いことを意味し、滞留が少ないことにつながって、財務的によいとされます。

棚卸資産回転率が高ければ高いほど、棚卸資産が原価として払い出されるまでの期間が短いことを意味し、在庫の滞留が少なくなるので、財務的に好ましいとされます。

さらに、**仕入債務回転率**が低ければ低いほど仕入債務を払うタイミングを遅くできるので、資金繰りの余裕がつながり、財務的によいとされます。

回転率の用い方

過去の業績データから算出した回転率をそのまま利用するのではなく、事業計画書上のあるべき回転率を検討し、目標回転率を算定すべきである。そして、設定した目標回転率を達成するために、滞留債権の回収促進、滞留在庫の減少策、適正在庫水準の保持、買入れ条件の改善交渉などを事業展開するうえでの戦略と戦術に織り込むべきである。なお、負債項目の回転率を算出する場合は、売上高の代わりに売上原価（または当期仕入高）を用いる場合もある。

このように、回転率は、資産や資本をどの程度効率よく利用しているかがわかる経営指標であり、事業計画書を作る際によく用いられます。

実務的に、回転率を活用すると売上や売上原価から貸借対照表の主な勘定科目を見積もることができます。

最初に、売上計画が作られると売上高の計画数値が決まります。

次に原価率の水準が過去の業績やその時点の経営環境から決まってくると、売上原価の計画数値も決まってきます。

これらの損益データの計画が確定すると、売上高や売上原価との関係であらかじめ算出しておいた回転率で除することによって、売上高や売上原価と回転率で関係している総資産、売上債権、棚卸資産、仕入債務などの各勘定項目の計画残高を算出できるため、事業計画書の貸借対照表の計画数値が見積もれます。

主な回転率の計算式

$$\text{総資本回転率} = \frac{\text{売上高}}{\text{総資本（総資産）}} \qquad \text{総資本（総資産）} = \frac{\text{売上高}}{\text{総資本回転率}}$$

$$\text{売上債権回転率} = \frac{\text{売上高}}{\text{売上債権}} \qquad \text{売上債権} = \frac{\text{売上高}}{\text{売上債権回転率}}$$

$$\text{棚卸資産回転率} = \frac{\text{売上原価}}{\text{棚卸資産}} \qquad \text{棚卸資産} = \frac{\text{売上原価}}{\text{棚卸資産回転率}}$$

$$\text{仕入債務回転率} = \frac{\text{当期仕入高}}{\text{仕入債務}} \qquad \text{仕入債務} = \frac{\text{当期仕入高}}{\text{仕入債務回転率}}$$

PART_2

【作成編】

7つのステップで完成させよう！

何をどう描けばいいの？　作成のプロセスを教えて！　上手に作っていくコツは？　そんな疑問や要望に応えながら、事業計画書作成の実践をていねいに導くパート。作成経験がない人も、あまり自信がなかった人も、大丈夫。意欲さえあれば確実に作れる！

STEP_1

経営理念と事業コンセプトがストーリーの骨格

経営理念を柱に事業ストーリーを考える

「わが社の経営理念？　一応はあるけど、社員みんなの頭に入っているかと聞かれれば、ほとんどノーかな」

中小企業の社長さんに、経営理念について直球の質問をしてみると、こんな控えめな答えが返ってくる傾向があります。照れがあるのか、本当に重視していないのか、そこはわかりませんが、「もちろんあります。私も社員たちも大事にしています」と堂々と答える社長さんは少ないように思えます。

経営者が会社を興すとき、たいがいは大きな夢や崇高な志を持っています。いわゆる「創業の精神」です。この創業の精神を忘れず、朝礼の機会などを利用して社員たちに日頃から浸透させる努力をしていれば、軸がしっかりした強い会社になることは間違いなしでしょう。

●存在意義や事業の方向性が明確になる

創業の精神は必然的に「経営理念」となって、代々の経営者や社員に受け継がれていきます。経営理念は顧客にも伝わっていき、事業の拡大とともに社会になくてはならない存

創業の精神

社長自身の人生をかけて立ち上げる以上、創業の精神は善意のあるものになるのが普通。すなわち、社会に役立つ事業である。ところが、創業から10年、20年と経ち、会社が大きくなってくると創業時の崇高な精神を忘れ、儲け一筋になる経営者が少なくない。創業の精神を忘れた事業は、やがて行き場を失っていく。

在になっていきます。これが、「企業の存在意義」というものです。

会社の設立経緯や存在意義を顧客との関係から突き詰めると、会社の特徴が浮き彫りになります。その特徴が顧客、広くは社会から見てどのような会社であるかを決定づけます。その内容こそが経営理念そのものにほかなりません。

経営理念は、社会とどう関わりたいか、社会に対して何をしたいかを明確に表したものです。社員はもちろん、社外の関係者がその文言を目にしただけでどういう会社なのかがわかり、会社の将来のストーリーも理解しやすくなります。

会社の将来を見つめるとき、経営理念をベースに「わが社は将来的に何によって社会に貢献できるか、どの顧客層に何を提供すれば喜んでもらえるか」と、社会や顧客に対して何をもって役立つ会社になっているかを突き詰めることが、事業計画書を作る際に最も大切になります。

経営理念を明確に定め、短い文言に表すことで、事業ストーリーがはっきり見えてきます。中長期的に事業の方向性をどうすべきかもはっきりと見えてくるので、会社が進むべき事業の選択をしやすくなります。

●事業ストーリーは経営理念を実現する道

経営者が考える事業の目的にはいろいろあるとは思いますが、究極的には初心を忘れず

「いざ」というときは、経営理念に立ち返る

業績の不振や横ばい、または、今は順調だが今後も盤石とはいえない状態など、事業の岐路に立ったとき、経営理念から方向性を判断して事業を大局的に見れば、今は売上が増えても長い目で見ると将来の中核事業になりえない事業、逆に、時間がかかり、リスクもあるが、将来のために今取り組むべき事業について、一定の判断ができる。事業の選択と集中を考えることで、経営判断の間違いが少なくなる。

に経営理念の実現を目指していることが大事であり、経営理念を具現化するために事業ストーリーを描くのです。

経営理念は自社のあるべき姿や創業時の思いを端的に表現する言葉を選び、同時に、顧客や社会との関係も意識してわかりやすい表現にまとめることができれば、内外の人々に自社を理解してもらえます。

独自性のあるわかりやすい言葉でまとめた経営理念であれば、従業員は自社をより深く理解することになり、仕事をするうえでの判断や行動にもよい影響を与えるようになります。そうなれば、経営理念の実現に全社一丸となり、描いた事業ストーリーはブレることなく確実に実現することでしょう。

経営理念を明瞭にまとめる4つの視点

経営理念を作る際には、次の４つの点を整理して考えると首尾一貫した明瞭な内容にまとまるはずです。

①　創業時の思いから目指す姿・目標（**ビジョン**）を考える。

②　自社の進むべき道（**ウェイ**）を行動指針・行動規範として定める。

③　何をすべきかを考えて、使命・存在意義**（ミッション）**を掲げる。

④　結果として何か得られる信念・価値観**（バリュー）**を生み出す。

とくに、経営理念が定まったあとも、その時点ごとにミッションを考えることで、そのときに行うべき戦略や戦術が見えてきます。その前提の中で行動指針を立てれば、結果として経営理念に沿った事業ストーリーになっていくはずです。

時代とともに経営環境が変化していきますが、戦略や戦術が常に経営理念に寄り添った内容になっていれば経営の根幹はブレないはずです。

実務上、事業計画書を作る場合、とりあえず関連書籍を読み、セミナーや研修会に参加して、参考となる事業計画書のヒナ型を手に入れて、空欄

経営理念を考えるときの4つの視点

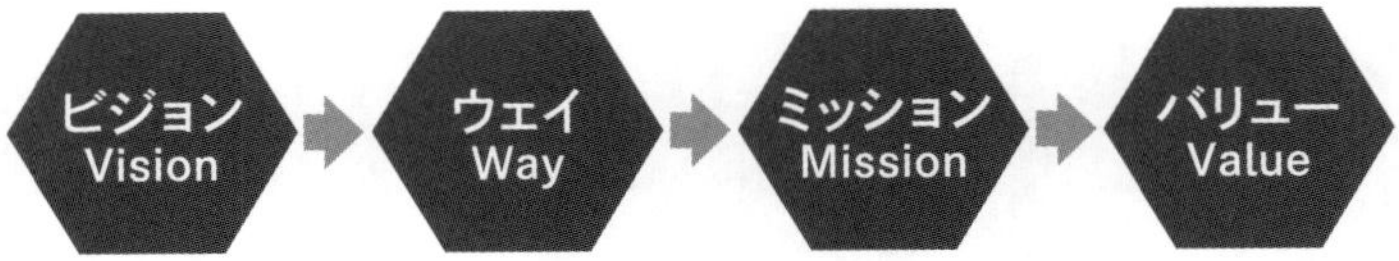

	目指す姿・目標 創業者の「思い」は?	行動指針・行動規範 自社の進むべき道は?	使命・存在意義 実現のために必要なのは?	信念・価値観 その結果、得られるものは?
自社の場合				

※4つの視点で自社の場合にどう記載するか、検討してみよう!
※社会や顧客に貢献し、役立つこととの関係性を重視する!

に必要事項をいきなり書き出す人が多いと思います。

しかし、事業計画書は経営理念を具現化するものと位置づけなければ、一貫したストーリーを絶対に描けません。やはり、まずは経営理念をあらためて明確にすることが重要であり、今後の事業展開が経営理念に沿うようにストーリーを考えて事業計画書を作成すべきです。

そのうえで経営理念にかなった事業展開をすれば、顧客や社会から信頼を得て、モノやサービスの提供がスムーズに進んでいくに違いありません。対外的に事業内容がわかりやすくなり、また社員たちも経営理念に沿って働くことで会社の方向性を正確に理解することができ、働きがいを感じやすくなります。

経営理念を反映した事業計画書作り

事業ストーリーに1本の太い筋が通った経営理念がなければ、現実の事業展開は描いたストーリーとは異なる方向に進んでいく確率が高くなります。

仮に一時的に事業が好調に推移したとしても、事業の歯車が狂い出して好調さは長くは続かないものです。一時的な好調を実力と勘違いして、社長が私利私欲に走ってしまうことはよくあるケースです。社員も目指すべき方向がないまま自分勝手に動いたり、やる気がなくなってしまったりと、会社全体の歯車が狂い出します。

これだけは例外なくいえます。単純に金儲けをするだけで事業を始めても、大きな成功は絶対に得られません。事業が成功するには、世の中の役に立ちたい、貢献したいという強い思いを持ち、その思いを実現した結果、顧客に喜ばれ、社会の役に立つ会社になるのです。自分の会社だけいい思いをするような事業は、決して長続きしません。

●コアコンピタンスを重視する

自社の経営理念を柱にしっかり据えて事業展開をしていく際に、大きく分けて次の２つの考え方のいずれかが大きく影響します。それを考慮すると、一貫した事業ストーリーが生まれます。

一つが**コアコンピタンス**重視の考え方です。コアコンピタンスとは、競合優位の源泉のことであり、生活や仕事のスタイルを一変させる技術革新や新サービスを世の中に提案していくことを中心に事業ストーリーを展開することをいいます。

この考え方は、世の中にとって初めてのモノやサービスに関する事業構想や事業化の手段がある場合、それを事業化して顧客に提案していくことになり、提案が受け入れられれば、一強状態で事業ができる可能性もあります。

しかし、そのよさを顧客が理解するまで時間がかかることもあるため、売れるまでひと工夫が必要になり、課題解決のために試行錯誤する覚悟が必要です。

その際、顧客に周知するため、早い段階から販促やＰＲに斬新なアイデアを考えて実行するなどの創意工夫も重要になります。

●顧客満足度（ＣＳ）を重視する

もう一つが、**顧客満足度（ＣＳ）**重視の考え方です。顧客として想定する人たちや社会から支持されるモノやサービスを見いだし、それを事業ストーリーとして構想していく手段を考えていく、つまり、顧客ニーズを第一とする考え方といえます。

顧客はモノやサービスに魅力があれば満足しますが、それだけではなく、品質、納期、価格なども選ばれる大きなポイントであり、それらを総合的に勘案して顧客満足度を満たせれば、業績につながっていきます。

仮に、モノやサービスが売れない時代でも顧客ニーズを満たせば売れるチャンスを見いだせます。顧客の目線に立ち努力すれば、顧客から支持され、必ずマーケットは成り立つので、一定の業績を確保できます。

このように、モノやサービスを売る際の考え方を整理し、どちらかの考え方から事業ストーリーを導き出すか吟味します。場合によっては、両方の考え方が混在する折衷した選択もありえます。

なお、自社の会社規模が大きくなってくると、社長が全員と接しながら個別に指示するのは不可能なので、社長が思い描くように社員を動かすためには、会社が何を目指しているかの共通理解が不可欠であり、コアコンピタンスやＣＳの観点を経営理念にも反映させれば、その共通理解を進めるものとしても経営理念は有効活用できます。

経営理念を浸透させて事業ストーリーを進める

経営理念をきちんと掲げることができた会社は、創業者が健在であれば、創業者の思いと経営理念をイメージしやすく、創業者の思いを具現化すべく一丸となって進めます。

その結果、経営理念が事業の中に浸透し、安定した成長企業として持続的に業績向上を実現していく会社になるものと予想できます。

その後、世代が移り変わって経営理念が定着していないと、足元の業績ばかりを気にするようになり、浸透していた経営理念は徐々に薄れていくことになります。

経営理念の共有が薄れると、事業目的が業績一辺倒になり、社員たちは何のために働いているのかがわからなくなります。最悪の場合、数値目標の達成のために無理な営業ノルマを課す会社になり、社員の退職が激増、経営のかじ取りがうまくいかず事業の継続さえも危うくなりかねません。

●経営理念の明文化、見直しの留意点

ところで、明文化された経営理念は会社の歴史とともにその表現を見直す必要が出てくるものです。表現の見直しを考えるとき、あるいは初めて明文化する場合の留意点を押さえておきましょう。

まずは何よりも、創業の精神を織り込むことが第一です。創業者の思い、日頃の言動などを集約し、共通する行動原理のようなものを見つけ出します。そして、むずかしくない、すべての社員、すべての顧客が理解できる言葉での表現を考えます。

経営理念は実践で活用できなければ意味がないので、高尚な言葉はむしろ使うべきではありません。社員みんなに自社のモノやサービスをどういう思いで売ってもらいたいか、顧客にどう使ってもらいたいかなどを素朴に考えることです。

自社の事業ストーリーが、顧客・社会から受け入れられるようなものでなければ生き残ることはできません。それを実現するためにも、顧客、社会から自社のモノやサービスを評価されるような行動を自然に取れるような経営理念であれば、ブレずに会社を繁栄させることができます。

具体的な例として、アパレル会社を想定し、家族3世代に衣料を販売する会社の経営理

経営理念なき経営

社長が「売上を上げる人間が一番偉い！」と口にする会社は「売上至上主義」になり、殺伐とした空気が流れるようになる。営業担当者が売上獲得を急ぐあまり顧客や取引先に迷惑をかけるおそれが出てくる。また、売れば売りっぱなしで、次の売上獲得に精を出すため売掛金の回収などは二の次になり、下手をすれば売上増加のための不正も黙認される可能性もある。そんな会社はやがて社会から断罪される。

念を次のように考え、以下、事業計画全体を仮想で展開してみます。

【経営理念】
世代を超えてライフスタイルをお手伝いできる企業

これは、幼児、学生、OL、主婦まで幅広くデザイン、企画を提案し、ファミリー全員に選ばれるアパレルや生活雑貨の販売を目指している会社をイメージしています。事業計画書の作成プロセスも、STEP 2以降に織り込んでいます。

また、参考までに経営理念を明文化している実際例を下段に列挙してみました。自社の経営理念を考え、明文化する際のヒントになると思います。

これら他社の例を参考にしながら、自社の事業ストーリーをよく見極め、自分たちの言葉でわかりやすく、かつオリジナルな文言を編み出してみましょう。

経営理念を起点とした事業ストーリーを描く

ここまで、経営理念の大切さを説明してきました。ご理解いただけたでしょうか。

次に、経営理念を実現するための行動をどうすべきか、その流れを説明します。

経営理念の例

●人々に新しい体験を提供し、生活を豊かにします　●○○を通じて世の中を明るくします　●○○を通じて、お客様やパートナーと共存共栄を実現し、△△の発展に貢献します　●お客様に喜びと感動と満足を与え続けます　●地球上でもっともお客様を大切にする企業であり続けます　●みんなが望む○○、みんなに優しい△△を提供し続けます　●自然と健康を科学します　●お客様と社員が誇りと喜びを共創できる会社を目指します事業計画書を本当に実現させるためには、責任の明確化が重要であり、その流れに沿って各段階の責任者と立案者を設ける必要があります。社長が責任を持つ範囲、営業管理者が責任を持つ範囲、営業担当者が責任を持つ範囲も説明します。

●事業目標を立てる

具体的に、経営理念を実現させていくためには、内外の経営環境を分析し、実現したいあるべき姿を3〜5年の実際の事業目標として掲げます。

そして、現場の意見を聞きつつも、社長が事業目標についてすべての責任を持って全員に提示します。日頃から社長が、会社の進むべき方向（経営理念）と事業をしていくうえでの考え（事業目標）を示していれば、現場担当者は日常の業務で判断に迷ったときに、自分の行動が経営理念と事業目標に沿っているか否かで自ら判断できます。結果として会社が望むように、現場が自律的に行動しやすくなるのです。

●事業戦略を練る

事業目標を達成するための課題をピックアップし、課題への対応策を事業戦略として検討します。事業目標を達成するために、今後の経営環境を予想して事業戦略の骨子を練るのです。経営環境に沿って現実的な戦略を練ることができれば、経営理念をしっかり反映

事業目標の立て方

経営環境をしっかり分析したあとに、３年後または５年後のあるべき姿を、定性的なものと定量的なものに分けて提示すべき。定性的な目標とは、「社会が発展する安全安心な〇〇用の△△装置を製造する」などの数値で表すことができない目標。定量的な目標とは、「３年後に売上××億円達成し、世の中の〇〇用の△△装置の半分以上を自社の安全安心なものにする！」などの数値で表すことができる目標のこと。

しつつ変化への対応を十分にできる内容になります。

社長以下経営幹部は現場責任者に意見を聞き、それらの意見を勘案して事業戦略を立て、最終的には社長の判断で事業戦略を決定します。

●事業戦術まで落とし込む

部署やチームが実際に行動するためには、練った事業戦略を個別に行動する「事業戦術」まで落とし込みます。その際、事業戦略を具現化する事業戦術については、現実の状況を踏まえながら、現場責任者が状況判断をしながら責任を持って作ります。

●行動指針を立てる

事業戦術を実行するためには、各自が動きやすい具体的な指示につながる「行動指針」が必要になるので、現場部門が各部門でイメージできる行動指針を明確に打ち立て、その指針の内容についてもしっかりコミットして行動する責任を持ちます。

●目標設定をする

行動指針に基づいて事業展開を現場で実践するには、各部、各課、担当者別などの単位を設けて売上や利益、取引件数や引合件数などの「目標設定」を行いますが、その設定した内容については、それぞれの部、課、担当者ごとに目標に対して責任を持ちます。これが業績評価の指標と連動して設定されると、各人が実際に動く際に真剣さが増します。

●実行計画に沿って目標に向かう

設定した単位ごとに、実行計画を各現場で立て、現場責任者が承認します。そして、それぞれが目標を達成するための実行計画に対して現場部門が責任を持ちます。

●行動計画に沿って動く

現場部門が実際に動くために、実行計画に合わせた月次、週次、日次での個別具体的な「行動計画」を各自が作成し、日々の行動に結びつけて実行力を高める必要があり、その行動計画は各現場部門の責任で立てられ、上司が個々の計画を承認します。

●行動を明確にする

あとは行動計画に従って、各現場部門での「行動」あるのみです。計画どおりに個別に各現場部門が責任を持って、最大限努力して行動すると、事業目標に段階を追って近づくように計画されているので、最終的には経営理念の実現のための行動になっています。

事業コンセプトがストーリーを決める

経営理念は、事業のストーリーを決めるうえで最も重要ですが、より具体的に事業を計画的に行うためには、事業展開をイメージできる**事業コンセプト**[*19]を補足して検討する必要があります。創業の経緯、存在意義、経営理念から派生させて吟味し、事業のストーリーに合わせて事業コンセプトを決めます。

その際、経営理念の本質を理解したうえで、事業の特徴を簡潔なワンフレーズで表現すればよく、現場の従業員が自信を持って説明できるようにします。たとえば「わが社は○○を実現させるために△△を提供し続けます」といったわかりやすい表現を用いるべきでしょう。経営理念よりも個別具体的なものになります。

事業ストーリーの全体像をわかりやすく事業コンセプトとしてまとめるためには、誰（Ｗｈｏ）に対して、どんな価値（Ｗｈａｔ）を提供し、現実にどういう手段で価値を提供（Ｈｏｗ）できるのかも説明すべきでしょう。

併せて、他社と何が違うのかについてもできる限り一緒に明確にすると、よりよくなります。その結果、事業コンセプトでストーリー全体をシンプルに説明できれば、あとはス

＊19 事業コンセプト

事業展開する際に揺るぎない方向性を明確にすること。自社が「どのような会社であるのか」を顧客に端的に伝えるキーワードであり、「誰に・何を・どのように提供するか」を決めることといえる。従業員も、家族や知人に自社を説明するときに使えるようなわかりやすい言葉であるべき。

トーリーの詳細を資料やデータで肉付けして事業計画書をまとめていきます。

また、誰（Ｗｈｏ）に、どんな価値（Ｗｈａｔ）を、どうやって提供（Ｈｏｗ）するかコンセプトをしっかり固め、それを適切に表現できれば、それだけで事業ストーリーの骨格が固まり、その事業コンセプトを全社員が共有できることになります。

そうすれば、現場でも顧客に事業コンセプトを明確にアピールでき、顧客に覚えられ、選ばれる会社になります。事業計画書上でも事業コンセプトを明確にすれば、どんな会社であるか一目瞭然でアピールしやすくなります。

実際の事業の現場においても戦略と戦術を立てる際には、事業コンセプトを明確にしておくべきであり、それが自社をもっとも特徴づけることになります。

つまり、経営理念とともに、事業コンセプトが明確になれば、会社の骨格となる1本の筋が通った事業ストーリーが内外ともに明確となり、会社の独自性が生まれてきます。そうなると、内部的には販売するモノやサービスの特徴が明確になるため、全社一丸となって動きやすくなるのです。

外部的には事業のキャッチコピーがあるようなもので、外部の人から、「○○は△△にできるから、すごくいいね」「あの会社は○○を売っている会社だね」と、よいうわさや宣伝を口コミでしてもらえて、結果として会社のブランド価値が高まりやすくなります。

事業コンセプトの例

吉野家「うまい、やすい、はやい」、アスクル「明日届く文房具」、イケア「より快適な毎日を、より多くの方々に」、サウスウエスト航空「空の旅を 世界一安く」、スターバックス「ひとりのお客様、一杯のコーヒー、そしてひとつのコミュニティから」、マイクロソフト「すべてのデスクと、すべての家庭にコンピューターを」。

次に、Ｗｈｏ、Ｗｈａｔ、Ｈｏｗについて説明しますが、事業ストーリーが一貫するように、一過性ではなく、過去・現在・未来を通じて、共通するコンセプトをどう設定できるかが大事です。のちに説明する会社の独自性にもつながりますので、十分吟味してください。

●事業コンセプト①――誰（Ｗｈｏ）

どのような顧客を対象にして、モノやサービスを提供するか明確にすることが、まずは必要です。売上を少しでも多くしたいからといって、「広く大勢の人々に提供できます」というコンセプトは、優良な顧客をかえって増やせない可能性があります。

最悪の場合、誰からも支持されないおそれもあります。「何でも売っているけれど、欲しいモノは何もない」とやゆされた有名な全国チェーンが昔ありました。

今は、消滅しています。顧客対象をしっかりと明確に特定するほうが、多くの賛同する顧客を得やすく、その顧客の紹介や口コミで、さらにその周辺にも新たな顧客が広がるメリットがあります。

対象を絞り込む際には、顧客のエリア別、年齢層別、性別、年収水準別、職業別、趣味・趣向・レジャー別、ライフスタイル別、衣食住の特徴別などの中で、どの特性が自社の提供するモノやサービスの特徴に合うかを分析して、顧客を誰にするかを決めます。

●事業コンセプト②――提供する価値（Ｗｈａｔ）

ここでいう価値とは、販売する自社のモノやサービスのことではなく、「どのようなメリットを顧客に提供できるか」を明確に打ち出すことです。つまり、販売するモノやサービスは顧客が求める価値を生み出すための単なる手段であり、モノやサービス自体の仕様、特徴、価格、納期などを強調しても、顧客に提供する価値を説明していることにはなりません。

つまり、販売したモノやサービスを通して、顧客にどのような価値をもたらすことができるかが重要です。

たとえば、対象とした顧客に対して、どのような利便性、快適性、空間、体験、癒やし、楽しみ、非日常、異次元、サプライズなどを与え、その結果、顧客が満足する価値をいかに提供できるかを、あくまでも顧客目線で徹底的に考えるのです。そして、何を価値として提供すると喜ばれるかを判断、決定します。

●事業コンセプト③――価値の提供手段（Ｈｏｗ）

対象とした顧客が何に価値を見いだすかを見極めたら、その提供手段はいろいろあるので、同じモノやサービスを提供するとしても、顧客に提供する価値をより高める手段を考え、提供する場所や設備、対応する接客方法、販売手法、関連する付加サービスなどを工夫することが重要です。
実際に、顧客層によって求める手段はかなり異なるので、顧客に合った手段を適切に選択してモノやサービスの販売を促進するように創意工夫をすべきでしょう。

仮想アパレル会社の事例では、事業コンセプトは次のようにしました。

【事業コンセプト】
お子様からご婦人まで、クオリティーライフを支える、お手頃な衣類を直接ご提供します。

これは、1つのファミリーの3世代に共感される統一コンセプトで、上質な天然素材を使ったモノを直営店と自社EC（電子商取引）サイトを通じて販売させていただくことを中心に事業ストーリーを描き、商品開発をしている設定です。

他社への販売や他社通販サイトは経由しないこだわりも徹底します。自社の直営店か自社のネット通販でしか買えないことで、希少性を高める戦略です。

日本発のブランドとして海外マーケットのニーズに合わせて、海外業者と提携し、現地販売することも視野に中期目標を立てています。

STEP_2

経営環境で
事業ストーリーが変わる

的外れのストーリーを描かないために

あなたの作る事業計画書やあなたが読んで活用しようとする事業計画書は、自社が置かれている経営環境についてどれだけ吟味されているでしょうか。

事業計画書としては、事業の説明をする前に、事業の展開を大きく左右する経営環境についてもしっかり吟味してから記載しないとストーリーの展開を見誤る可能性があり、そうなると、第三者に事業計画書を十分信用してもらえません。

なぜなら、経営環境が変化するとストーリーもおのずと変わるので、経営環境の分析ができない会社の事業計画書は的外れになる可能性が高いからです。

実際には、エクセルなどの表計算ソフトを使って売上から利益まで算出して、いきなり事業計画書を作る会社もありますが、第三者から見れば「ストーリーを十分吟味していないのでは？」と思われます。

そのため、自社の経営環境をしっかり見定めて、この環境の中でいくつか考えられるストーリーの選択肢を入念に選んだうえで、戦略と戦術を練り、数値データを計画に落とし込んで、事業計画書を作る必要があります。

仮に、経営環境を事業計画書にしっかり記載しないと、事業計画書の利用者は本当に事業ストーリーが見立てどおりに進むのか不安になります。とくに、外部環境については誰でも情報収集できるので、第三者のほうが冷静に分析している可能性が高く、自社の独りよがりで適切に調査分析しないまま経営環境の説明をすると一気に印象が悪くなります。「業界通」といわれるくらい、必ず丁寧に経営環境を把握しておかなければなりません。

マーケットを踏まえたストーリーを

事業の流れは、経営環境の変化で大きく変わります。しかし、外部環境の変化は自社ではどうすることもできません。起こりうる外部からの影響を早めにキャッチして対応策を考え、戦略と戦術を立てていくしかありません。

当然のことながら、事業計画書の中には、分析した経営環境とそれに対応する事業展開を明記する必要があります。

現在の状況はもちろんですが、2、3年後の中期的な状況についても、多少ラフな数字データでかまわないので、できるだけしっかり記載しなければなりません。今後の潜在需要も見込んで記載すれば、内容がさらに充実します。

その際、自社の所属する業界のマーケット動向をまずは記載すべきですが、説明ポイントは、そのマーケット規模と自社のマーケットシェアがおおよそわかると、業界全体と自社の置かれた経営環境がわかりやすくなり、自社の立ち位置が見えてきます。

たとえば、マーケットの規模を示すデータを金額で示すことができれば一番わかりやすいでしょう。金額がわからない場合、マーケット全体の取引件数や顧客数、会員数などの情報を入手できるなら、自社の立ち位置がはっきり見えてきます。

業界によってはマーケットのデータを取りにくい場合もあります。その場合、自社の実績や業界の限られた情報を検討しつつ、世界や日本の経済情勢を踏まえて自社の所属する業界の動向をできる限り予測します。

公表データは細大漏らさず収集し、活用する

自社の所属する業界のデータをいかに得るかですが、国内外にはさまざまな情報発信をしている研究機関、業界団体、金融機関、シンクタンク、大学などがあります。そこで公表されているデータをフル活用し、事業計画書作りに役立てられるケースもあります。もちろん、ネット情報の検索・収集も有用ですが、データの信憑《しんぴょう》性に確信が持てる場合だけです。安易にネット情報を活用して大失敗するケースもあるので、十分注意すべきです。

これらの公表情報を自社でしっかり分析しない、または、データの存在自体を知らないままだと、事業計画書を利用する外部の人から経営環境について質問されても、稚拙な説

明となってしまいます。

自社の所属する業界について巷にある情報は、細大漏らさず入手して事業計画書作りに活用すべきでしょう。公表情報なので、外部の人も利用して事業計画書の内容を確認してくる可能性が高く、鋭い質問に備えておくべきだからです。

同業他社の情報などが得られたら、それらも活用して経営環境を分析し、その結果を踏まえて自社の業績が急拡大するのか、堅調なのか、横ばいなのか、縮小するのかなどを十分に予測して説明すれば内容が充実します。

海外展開も視野に入れている場合は、進出する各国の情報をできる限り収集して、国の成長力、同じ業界のマーケット規模、その国の国民性や趣味・趣向などを把握したうえで環境分析を記載すると、事業計画書の説明がより明確になります。

見栄えだけよくして信用失墜するケースも

経営環境から見て横ばいか縮小しかありえない状況のときに、少しでも計画見積りをよく見せようとして、事業が拡大して堅調に推移する事業計画書にしてしまう悪い例もあります。しかし、冷静に業界全体を分析している外部の人が事業計画書を見ると、事実を踏まえていないことはすぐにわかってしまいます。

信用が失墜するので、そのような考えは起こさないほうが無難です。たとえ、事業が縮小や横ばいになる局面にあっても、事業計画書にその内容を正直に記載したうえで、改善策や次なる一手をきちんと説明し、その後の年度で業績を回復できる計画を立てることができれば、外部の人からの印象は悪くはないはずです。

ちなみに、上場会社でも業績予想に対して実績が乖離《かいり》することはあります。予測である以上は仕方がないことですが、いつも上振れする会社といつも下振れする会社も多くあり、後者の場合は会社の公表内容を外部からあまり信用されなくなる傾向があります。

地道ではありますが、いつでも誠意を持って正直に事業を語るように十分に留意することで会社の信用を築き、維持していくしかありません。

顧客は誰なのか、明確に定める

顧客は気まぐれです。義理や人情でモノやサービスを買ってはくれません。そのため、顧客の心をしっかり読めるように経営環境を把握する必要があります。そのため、売上を見込むマーケットの中で、どのような顧客を対象にするのかを分析したうえで特定し、対象となる顧客（顧客ターゲット）を記載します。

良い例 自社の得意な分野で勝負し、その対象と考えている顧客から支持され、結果として売ることができるという説明ができれば説得力がある。

悪い例 総花的にあれもこれも顧客ターゲットであると記載してしまうと、本当にそんなに売ることができるのかと疑われてしまう。

ここで、顧客の意味を考えてみます。英語では、ユーザーやカスタマーなどが同義語としてあげられる場合が多いと思います。ユーザーというのは、自社のモノやサービスを利用する人の意味がありますが、潜在ニーズがあっても好んで利用してくれるかわからない、一見《いちげん》さんで終わるかもしれない人々も含まれた概念といえます。

それに比べ、カスタマーはカスタム＝習慣（custom）を語源としていますが、意味するところは、自社のモノやサービスを利用することを習慣化してくれる、いわばリピーター的な人々のことを指しています。

自社として顧客にしたいのは当然、収益を長きにわたって支えてくれるカスタマーのほうであり、そのカスタマーをどれだけ多く抱えることができるかが、事業の安定性、成長性を確保し、実現する基盤になります。

したがって、事業のカスタマー、つまり顧客が誰なのかをよく考えることが事業計画書の書き出しとして重要になります。

より現実的なストーリーを描くために

自社が所属するマーケット動向と対象とする顧客の状況の把握ができると、次は経営環境が変わる可能性が高い主な外部との関係を吟味する必要があります。

本書では、経営環境の変化に比較的大きな影響を与えやすい競合他社との関係、代替勢力との関係、事業リスクとの関係を取り上げますが、事業計画書を作る際に、それらについて吟味した結果を戦略と戦術に反映させるべきでしょう。そうすれば、より現実的な事業ストーリーを描くことができるはずです。

●競合他社の動きで経営環境が変わる

どんな業界にも競合他社は必ず存在するものであり、1社独占という状態は存在したとしても長く続くことはありません。必ずライバルが登場するものなので、常に競合他社を意識して経営環境を分析する必要があります。

良い例　マーケット内における他社との競合状態を冷静に分析し、お互いの長所短所を把握している。競合状態の激しさの程度も説明したうえで、競合他社と比べて自社にどのような優位性があるか、何か特色があるか、何か課題があるかを分析している。

悪い例 競合他社はとくにいないと豪語して、きちんと経営環境を分析しない。また、競合他社はいるが大したことはない、と根拠を示さないまま論外にする。競合相手の情報収集を怠る。強がるのは恥ずかしいと思うべし。

やはり、競合他社のほうが強い部分や際立った特色があっても、事実をていねいに説明したうえで、課題にどう対処するか、または全く異なる切り口で勝負することで正面衝突しないようにするなど、大きな課題に発展させずに事業を進めるなどの説明ができれば、自社の立ち位置を理解してもらえるはずです。数年かけて競合優位な状態に向かう戦略と戦術を事業計画書で立てるべきでしょう。

なお、競合他社に勝てる要因としては、技術や知財によるイノベーションだけでなく、

- 顧客ニーズを満たしてマーケットをリードできるモノやサービスの提供
- 大手や有力ベンチャーとの提携による事業強化
- 業界を主導する役割を担えるマーケットリーダーとしての安定した事業展開
- 専門業者を利用した最先端の業務プロセスの短期的な実現
- 今後普及する可能性のある機能やサービスを、唯一または先頭で手がけられる状況

など、ビジネス上の一定の有利な経営環境や独自の展開などを例示して、競合優位を説

明します。
外部連携もうまく行えば強みの一つになります。

●代替勢力の台頭で経営環境が変わる

自社の事業を長期的に安定、成長させるためには、現在のマーケット内の状況や競合他社のパフォーマンスだけでなく、マーケット内の経営環境をもう少し広い観点で分析する必要があります。

良い例 今はマーケットの中に存在していないが、将来の手ごわい競合他社となりうる新興勢力や他分野からの新規参入組の可能性を分析している。業界自体がなくなるようなイノベーションの予兆があるかを分析している。

悪い例 現在の競合他社の状況確認しかしていない。自社のモノやサービスの陳腐化などの可能性を全く分析していない。自社の所属する業界は永遠であると信じ、その中で少しでもシェアを伸ばそうとしている。

過去においても、繁栄していた会社が、全く予想もしていなかった競争相手の出現により、首位の座を追われてしまった事実が多くあります。

古くは、刀や槍が鉄砲に、馬車が自動車に、鉄道が航空機に、映画がテレビに、町の小売店や酒店がスーパーやコンビニに……という具合に、それまで存在していなかった会社にマーケットを奪われていきました。

新しいマーケットが出現するまでは、同じマーケット内の競合他社と勝負している最中に別の新興勢力が現れ、自社もそれまでの競合他社もすべて没落、最悪の場合は既存のマーケット自体が取って代わられ消滅する事態も十分にありえます。

最近では、鉄から炭素繊維に、情報メディアが紙媒体やテレビからネットに、小売店が実店舗からネット通販に、パソコンがスマートフォンやタブレットに、自動車がガソリン車からEVカーに、どんどんシフトしている現実があり、今後の主導権がどうなっていくか常に目を離さないようにして、世の中の動きを見つめながら判断していくべきです。

●市場の代替状況や対策をきちんと記載する

このように、その時点では安定したマーケット内での秩序があっても、取って代わる新マーケットがいつ現れるのかわかりません。

よって、自社のモノやサービスが何かに代替されてしまう兆候があるかないかを常に吟味しておく必要があります。そういった流れを理解したうえで、長期的にどのような対策を取るのかを検討することが大事になります。

そして、自社のモノやサービスとの代替状況の検討結果を事業計画書にもきちんと記載します。その際、そのような代替可能性はあるものの、いろいろな対応策を吟味していることも併せて説明し、自社の将来の安定性や成長性を理解してもらうべきです。

なぜなら、事業計画書を見る人々も、社会全体の動きから代替されそうなモノやサービスがあるかどうかに目星をつけている可能性があるので、事実を隠さずに自ら率先して説明しないと、代替可能性について気づいていない、危機感が薄い会社と見られてしまうおそれがあるのです。

そこで先手を打って、仮にそのような状況があっても、会社として対処できることを説明できれば、将来の事業展開についても納得感を持ってもらえるでしょう。

●代替状況の検討が必須の時代

現実的には、マーケットも競合他社との関係もあまり変化せず、生き残っていける場合もあります。

しかし、情報革命の最中にある現在においては、ネット社会がさらに進み、ＡＩやロボット、さらにはＩｏＴ（Internet of Things＝モノのインターネット）でいろいろなモノやサービスの既存秩序が崩れつつあります。今の世の中に盤石なマーケットや会社がどれだけあるのか非常に疑問です。

どんなマーケットや会社に所属していても、将来は代替される何かが登場してくる可能性があると考えて行動すべきです。まさに、代替状況を検討することが重要な時代に突入しているのです。

事業リスクの発生で経営環境が変わる

事業を行ううえでは、何らかのリスクが生じるのは仕方がないことであり、リスクが全くなければ誰でも事業を始めるはずです。したがって、経営環境の分析として、現在から将来までの間に起こりうる事業リスクとして何があるかを網羅的に検討し、それに関する対応策を明らかにしておく必要があります。

良い例 ガバナンス（企業統治）、リソース（経営資源：ヒト、モノ、カネ、IT）、技術、連携、法改正などに分類してリスクを検討し、自社の事業を展開するうえで今後の業績に大きな影響を与えるものの有無を見極めている。

悪い例 網羅的にリスクを検討していない。まだ自社では発生していないから、競合他社と同じようなリスクは今後も生じないと信じている。外部から自社のリスクについて質問されても適切に答えられない。

実際には、現在生じうる事業リスクのほかに、将来発生する可能性が少しでもある潜在的な事業リスクがあるかについても同時に入念に吟味すべきです。とくに、将来的に経営の根幹に影響するような事業リスクがあれば、優先的にリストアップして、対応方針を示すことができれば、かえって対外的な信用を保てる可能性があります。

そして、発生リスクの状況変化の有無について、将来の発生可能性を見極めたうえで、かなりの発生可能性があり、かつ経営に対する影響が大きいと判断すれば、それを優先して記載します。同時に対応策も十分検討して記載します。

いずれにしても、事業計画書を利用する人たちも、「会社の事業を行う際の事業リスクは何か？」は大きな関心事です。自社に起こりうる危機を自ら早めに察知し、内容を十分に吟味して、できる限り対応策も練っておくことが重要になります。

ＳＷＯＴ分析で経営環境を読む

ＳＷＯＴ（スウォット）とは、**強み**（Strengths）、**弱み**（Weaknesses）、**機会**（Opportunities）、**脅威**（Threats）の頭文字を取った略称です。

具体的には、自社の事業を強み、弱み、市場の機会、脅威という４つの要素に分けて徹底的に考えます。内部環境としてのプラス要因（強み）とマイナス要因（弱み）、また外部環境としてのプラス要因（機会）とマイナス要因（脅威）を明確にして、自社が取るべき戦略と戦術を検討し、その結果を事業計画書にも記載します。

SWOT分析の結果は、外部の人にも会社の経営環境や対処すべき課題がわかりやすくなるので、事業ストーリーを理解してもらいやすくなります。

SWOT分析の結果を受けて、プラス要因を実際に伸ばすことができれば事業は発展し、マイナス要因を解決できなければ事業に陰りが出て、場合によっては衰退していきます。

したがって、自社の所属するマーケットの外部環境について、全社あるいは事業別のマクロ環境要因（経済、技術、政治、法令・規制、社会）とミクロ環境要因（自社、顧客、同業他社）の変化の状況を吟味して、市場における事業上の機会と事業上の脅威を理解し、どのような戦略と戦術を立てるべきか検討する必要があります。

そのうえで、自社の置かれている状況について、内部環境と

SWOT分析

	プラス要因	マイナス要因
内部環境	S 自社の強み Strengths	W 自社の弱み Weaknesses
外部環境	O 市場の機会 Opportunities	T 市場の脅威 Threats

しての強みと弱みを分析し、どのように事業ストーリーを変化させていくかを検討して、何らの改善策を立てます。

●官公庁のサイトは定期的にチェック

ＳＷＯＴ分析の４つの要素を事業計画書にもしっかり記載して、経営環境の組み合わせを総合的に判断していることを示すことが、外部への説明のためにも重要です。

この分析をしっかり行えないと、経営環境をトータルで検討できていないことになるので、外部の人から信用を得られません。

なお、事業計画書の中で、経営環境を適切に把握し、ＳＷＯＴの４つの要素をそれぞれ現状分析すれば、記載内容はいろいろ列挙できると思います。

しかし、その中で事業への影響を考慮して、とくに強調しておくべき事項を選んで簡潔に記載します。

その分析を進めるにあたっては、自社の所属するマーケットについて、官公庁などのサイトに参考となる資料や統計データ、各種白書があることも多いので、それらを定期的に見ておくべきです。

次に、ＳＷＯＴ分析を実際に行う場合の留意点をあげましたので参考にしてください。

SWOTの改善策

・強みを伸ばして売上の増加を図り、弱みを克服する重点対策を取る。
・今後さらに伸びる事業機会がある場合、その部門に経営資源を集中する。
・自社の事業が衰退、または消滅する脅威がある場合、現事業を徹底改善するか縮小または撤退をし、生き残れる事業分野に経営資源を傾斜配分して事業の強化を図る。

●SWOT分析① 強み（S）を同業他社と比較

良い例 独りよがりの強みではなく、同業他社と比較した自社の強み（Strengths）を見いだす。技術的には同レベルでも、たとえばマーケティングなどに優位性があれば、販売可能性が高まるので、自社の強みになる。

悪い例 社長がメーカーや研究機関の出身である場合、自社の強みを技術開発力と主張する。自社が所属するマーケット内においては同様の技術を持った競合他社が多数存在するので、その技術は業界標準程度であって、強みとはいえない。

同じ業界の中で比べて、競合他社よりも何らかの独自性や新規性があれば一定の強みがあるといえます。事業計画書にはその内容について、どのような点が強みで、事業の展開をマーケット内で優位に進める要因が何であるか、などを明確に説明します。

その説明の際には必ず経営資源（ヒト、モノ、カネ、ＩＴ）とひもづけて、自社の強みを競合他社と比べて強調できるようにすべきです。

●SWOT分析② 弱み(W)を同業他社と比較

良い例 弱み(Weaknesses)をしっかり検討して、競合他社と比べて、自社に何が足りないか、何が弱みになっているかをトコトン考えたうえで、今後やるべきことをしっかり吟味し、弱みを克服するための戦略と戦術を立てる。

悪い例 弱みが全くない会社は世の中にまず存在しないのに、自社にはとくに弱みがないと言いきる。マーケット内で業界1位の会社でも、競合が存在すれば必ず弱みはあるはずであり、分析が足りないだけである。弱みを理解できない会社は危機感がなく没落していきやすい。

競合他社と比較した場合に存在する弱みを事業計画書にしっかり記載したほうが、冷静に自社を分析できていると見られ、かえって信用されるでしょう。そのうえで、競合他社がまねできない自社の生きる道、他社と差別化できる事業、つまりは独自性(ユニークさ)のある事業ストーリーを描けばいいのです。

現状としては、弱みと事業計画書で記載した事項であっても、今後の留意点を明らかにして改善策を練って行動すれば、より強い会社になれます。

実際に、弱みがあることは強くなれる要素がまだまだある証しなので、隠し立てせずに堂々と書き、今後どうするかを説明するほうが好感度も上がります。

●SWOT分析③　機会（O）は事業環境がよくなる変化点

良い例　自社の所属する業界を分析し、事業の新たな機会（Opportunities）があれば、しっかりそれを捉え、成長要因につなげる。また、所属する業界以外に進出するチャンスを見いだせて、努力の末にキャッチアップできる可能性があればトライする。

悪い例　機会を分析する中で、自社が参入できる機会、チャンスを検討する。これは、自社の弱い部分を強化して競合他社に挑むことであり、ここでいう機会ではない。

ＳＷＯＴ分析で把握すべき機会とは、現在の自社が所属する業界全体における市場の新たな機会であり、自社だけでなく同業他社にも同様にチャンスがあるものです。

所属する業界とは別の分野であるが、自社の経営資源を持ってチャレンジすれば参入できる業界を見いだせれば新たな活路といえ、それも市場の機会といえます。

市場の拡大、市場の変化、新たな市場の創出などによって、自社が置かれている現在の事業環境がよりよい方向になれば、売上の拡大や新たなモノやサービスが生まれてくるので、その変化点を事業計画書に外部環境のメリットとして記載していきます。

事業機会を徹底的に考えたときに、自社のモノやサービスだけでは不足する事業基盤がある場合は、新たに設備投資や人材を獲得するほか、外部から周辺技術や新たな事業の仕組みを導入して事業基盤を強化していきます。

そして、必要に応じて自社のみではなく外部連携するなどして、少しでも多くの事業機会を作り、自社の将来のモノやサービスを進化させていくことで、事業基盤をどんどん強化していくネタを増やすことも重要な経営上の判断です。

●SWOT分析④　脅威（T）は事業環境が悪くなる変化点

良い例 自社に生じる脅威（Threats）を早めに感知し、何らかの対応をする。自社に訪れるかもしれない脅威の存在を常に感じて社会や技術の動向をウオッチする。現状を不満足な状態として自社を俯瞰《ふかん》するくらいの繊細さが必要である。

悪い例 脅威が近づいているのに社内の誰も気づかない。世の中の変化、技術の変化を見誤ると、業界トップ企業も奈落の底に突き落とされる可能性がある。

どんな会社でも事業の浮き沈みは必ずあるものなので、気をつけていかなければなりません。栄枯盛衰は世の中の常です。

事業における脅威とは、現在の事業環境が自社にとって悪い方向に変化する状況を指します。今までの成功体験が通じない、新たな強い勢力の登場です。

実際に、自社に生じる脅威をそのままにすると、現実的な弱みに発展していきます。弱みになる前に対応する努力をして、脅威が現実化することを回避すべきです。

それらの対応策を事業計画書の中で戦略と戦術として説明できれば、会社の信用を高めることにつなげられます。

マーケット全体が悪い方向に向かう脅威もあり、外部環境の変化の見極めと早めの対応が重要になります。

自社の所属するマーケットが衰退し、最悪の場合は技術やトレンドの大きな変化によってマーケット全体が消滅してしまうおそれもあります。

したがって、常に脅威を先読みし、早めに手を打つことで、競合他社より生き残る確率を自ら高めることが必要です。

現在のモノやサービスが陳腐化する可能性があるならば、ほかの事業に軸足をシフトできる可能性を検討すべきです。

仮想アパレル会社の記載例

強み　Strengths
- 既存店のリピーター割合が高い
- 製造委託先との連携で品質、価格の競争力が高い
- SC*出店増加数が業界ナンバーワン
- 3世代にクロスセルができる
- 販売データから顧客への提案型販売が可能

弱み　Weaknesses
- 創業メンバーへの依存度が高すぎる
- 店員の確保が厳しい
- 60代以上のリピーター割合が減少傾向
- 一部に没個性との批判がある

機会　Opportunities
- ネット通販の自社サイトの強化
- アジア市場への進出
- 男性カジュアル製品への進出
- 海外ブランドとの提携
- 第4のポジション「高機能・低価格」市場の拡大
- 数年後に株式上場

脅威　Threats
- 百貨店やその他の量販店の復調
- 同様のコンセプトの同業の台頭
- ネット通販専門業者の台頭
- SC販売の伸びの鈍化
- 海外同業者の日本進出
- 日本経済全体の停滞

*SC…ショッピングセンター

ピンチにうまく対処できればチャンスに変えられますので、事業上の脅威があると判断したときは、社長の考え方一つで事業の行く末が決まります。

本書で仮想事例としたアパレル会社についてのＳＷＯＴ分析は、前ページの図表に示したような記載をしました。

大ざっぱでも、事業ストーリーの内容を４つの事象に分け、何を考え、何をしなければならないかを知るきっかけにすることが大事です。

STEP_3

ストーリーの骨格となる
事業基盤を固める

事業の流れを整備する

会社ごとに売るモノやサービスは異なるので、その内容によって会社の特徴が生まれ、顧客はそれらの特徴を取捨選択してモノやサービスを買います。しかし、モノやサービスの特徴だけでは、顧客は買うことを決めないもので、それぞれの会社の事業展開のプロセスも重要な決め手になります。

要するに、モノやサービスだけが顧客にとっての価値ではなく、それらの提供方法も重要な選択肢になるのです。どのように売るかが顧客に選ばれるポイントになることは、ＳＴＥＰ　１の事業コンセプトで説明したとおりです。

そこで、モノやサービスについて、どのように企画、研究開発、仕入、外注、製造、物流などを行い、どう売るのかを事業計画書上も明確にすべきでしょう。

本書では事業の流れを整備することを**事業基盤**と呼びます。主なものとして、**事業環境**、**リスク要因**、**ビジネスモデル**[*20]、**経営資源**、**管理体制**などがあげられます。

その中身次第で、事業の成長性の有無や事業計画書の合理性や実行可能性がわかり、客観的に事業の内容が見えます。仮に、事業の内容それぞれのつじつまが合わず、業務プロ

＊20 ビジネスモデル（business model）

利益を生み出すモノやサービスに関する事業戦略と収益構造のこと。顧客に対してどのように価値を創造し、提供するかを記述したもの。ビジネスモデルごとに顧客、価値提案、事業基盤、資金の４つの領域について、具体的な内容が特徴づけられる。顧客側が代金を支払い、会社側は利益を得るという一連の構造を指す。

セスがうまく連動していないと、事業計画書が単なる夢物語に終わる可能性が高く、内外の人々が事業自体に疑念を持つようになります。

そこで、いかに事業基盤を整備し、事業の流れが整合性を持てるように考えるかを本ステップで説明します。したがって、事業基盤をうまく作るために必要な経営者の能力をまずあげて、次に、事業基盤を決める際の経営理論の考え方として３Ｃ分析と４Ｐを示し、最後に、主な事業基盤を事業展開の流れごとに説明します。なお、３Ｃ分析や４Ｐを検討すると、モノやサービスの仕様・特徴、価格施策、納期などもどうすべきかがわかってくるので、その結果を事業計画書に記載していきます。

事業計画にはマーケティングと財務が重要

新事業にせよ、現事業の見直しにせよ、経営者として事業計画を考える場合にどんな能力が重要になるのでしょうか。

事業基盤の主なもの

❶ 事業環境	経済動向、業界の領域、規模、ライフサイクルなど
❷ リスク要因	現在の業績に陰りやマイナス局面が生じる要因。潜在的な脅威も含む
❸ ビジネスモデル	業績トレンド、収益の源泉、競合状況、業務プロセス、知財など
❹ 経営資源	ヒト、モノ、カネ、IT、マネジメント体制、組織など
❺ 管理体制	予算管理制度、業績評価制度、効率的な内部統制の整備・見直しなど

第一は、モノやサービスを世の中にどのようにアピールしたいか、という考え方が大事であり、それが経営理念として掲げられ、全社一丸となって社長の思いに向かって動いていくことになります。

経営理念を実現するには、社員が動きやすい計画を立てるべきですが、当然のことながら、社長以下幹部には一定の経営能力が要求されます。とくに重要になるのは、**マーケティング**と**財務**に関する経営能力です。

経営理念がしっかりしていて、この2つの能力が一定以上あれば、どの業界であっても大きな失敗はしないと断言してもいいくらいです。

●マーケティングに自信のない人へ

マーケティングとは、自社のモノやサービスが継続的に市場（マーケット）で受け入れられていく仕組みを構築する役割です。

マーケティング能力を持つことで、販売するための洞察力や将来の見通しを持って戦略と戦術を検討することができます。そうでないと、顧客ニーズを把握しないまま、自社の技術にこだわってしまい、業績が伸びない、せっかくの販売機会を逃す、競合他社の戦略に対抗できない、等々の不手際を起こすことになるでしょう。

たとえば、多くの中小ベンチャーが成功しないときに、「あの会社は社長が単なる技術屋で、経営がわかっていないから伸びない」などと言われるのは、いわば「市場に受け入れてもらう努力をしていない」と言っているのと同じなのです。

これらの会社は、マーケティング思考がないことを見透かされているのです。

そこで、マーケティングに関連した3C分析や4Pをはじめとしたいくつかの考え方を本ステップで説明します。事業を展開する際には、どうすれば自社のモノやサービスが市場に受け入れてもらえるかを吟味するヒントにしていただき、事業計画書にも反映してもらえればと思います。

●財務に自信がない人へ

財務とは、ファイナンスとも呼ばれますが、日々の資金の流れを管理し、経営資源を適切に投入できるように資金の手当てをし、最悪でも資金がショートしないように資金繰りを考えることです。

失敗する中小ベンチャーは、マーケティングを重視していないのと同程度に財務を軽んじている、または重要とは思っているがあまり理解していないことが多いように思えます。

たとえば、倒産した社長が決算書も読めず、「数字のことは経理部長にすべて任せていたので……」「なぜウチの会社がつぶれたのかわからない……」というようなことを口にしているのを見聞きしますが、財務を理解しないでよく経営をしているなあと、首を傾げてしまいます。

専門家と同じレベルまで知識を磨く必要はありませんが、決算書の読み方の基本、とくに自社の決算書の中身を把握していることは必須です。実際に、財務の知識は事業の中で身を助けるはずです。

本書は全体としては、マーケティングの観点から事業基盤を整備し、事業全体のストーリーを財務の観点から把握して事業計画書を作り、また、予算管理の手法を活用して計画と実績を比較検討し、次の経営行動につなげていくことを説明しています。

3C分析で事業ストーリーを整える

3C分析とは、**顧客**（Customer）、**競合**（Competitor）、**自社**（Company）の3つの視点で自社の置かれた状況を把握する手法です（次ページ参照）。この3つのCはどれも重要であり、3つのCのバランスに留意しながら事業の状況を分析します。

事業計画書は、会社の今後のストーリーをわかりやすく説明するものなので、この3Cのバランスを十分検討し、3Cが最適な組み合わせになっているかどうかを徹底的に考える必要があります。

そして、「品質、価格、納期（スピード）」の3つの観点も踏まえて、3Cのバランス関係をうまく検討できれば、自社が優位な立場に立てる可能性が高くなるので、併せて入念に検討すべきポイントになります。

顧客がこれらの観点のどれを重視するかがわかれば、おのずと顧客ニーズに沿った施策を事業計画書にも反映でき、実行プランもスムーズに立てられます。

また、この3つのCのどれかが競合他社より劣ると、弱みになるケースがあります。逆に、競合他社より秀でていれば強みとなり、競争力の源泉になっている可能性が高いので、よい点はさらに磨き、悪い点は是正することで競争力を向上させていく必要があります。

それらの改善策をよく考えて事業計画書に反映させます。

事業計画書を作る際には、このように3Cをしっかり考慮して事業基盤を考えなければなりません。そうでなければ、事業の流れに不都合な事態が生じやすくなります。

3C分析

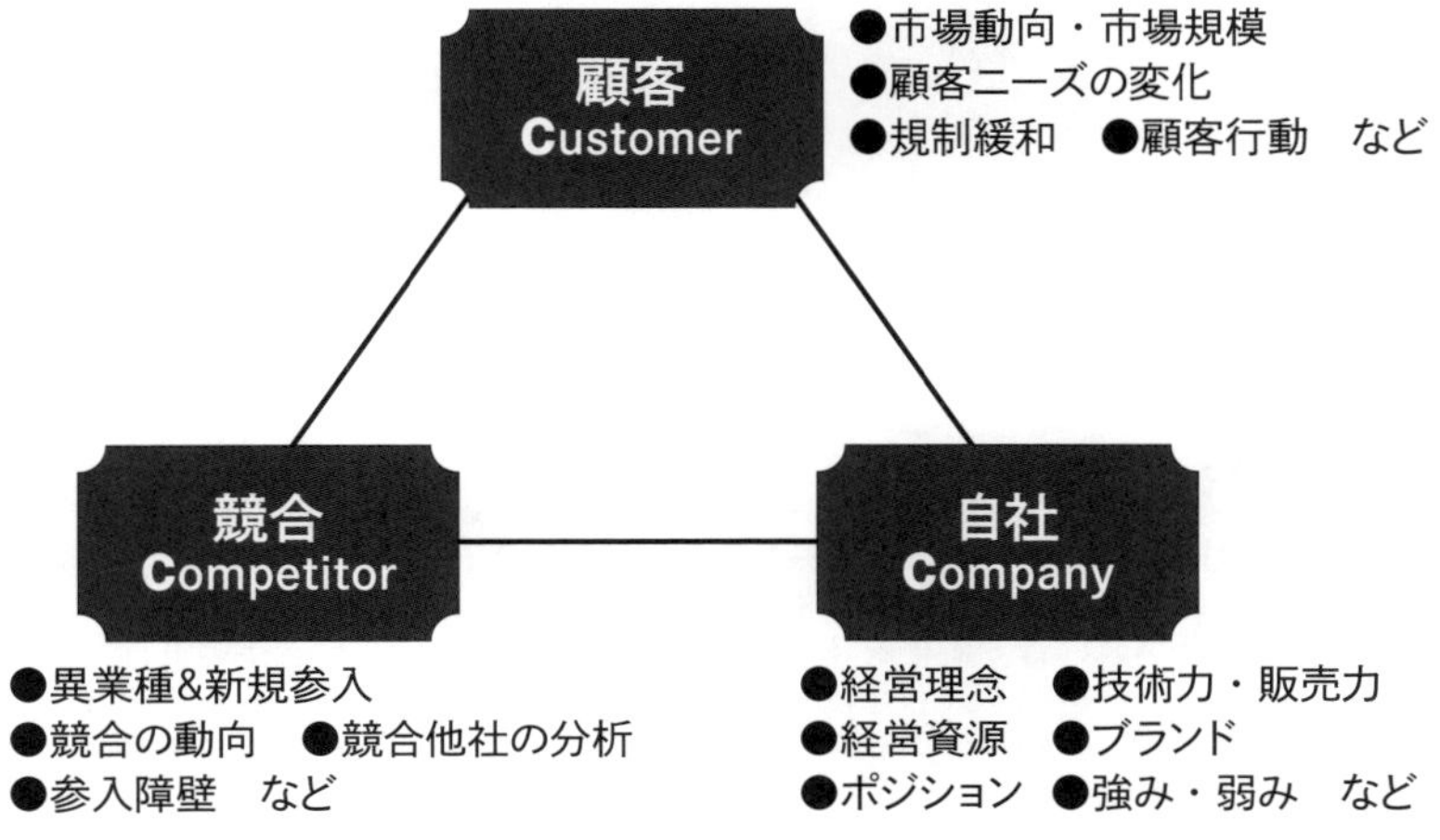

3Cをしっかり考えて事業計画書に反映させると、的確な事業基盤を得られます。以下に、それらのポイントを示しておきます。

●顧客分析のポイント

すでに取引のある顧客だけでなく、これから開拓が見込める顧客についてもマーケティングの対象と考えて分析をしていきます。

まずは、顧客が何を求めているかを検討することです。価格が高くても品質がよいものを求めているのか、品質が低くても安いものを求めているのか、顧客ニーズに応じて販売内容が変わり、品質、価格の程度もそれに合わせて対応していきます。

所属する市場によって、安さを求める場合があれば、値段が高くてもモノやサービスの質にこだわる場合もあります。

したがって、事業ストーリーの決定と連動して顧客ニーズを徹底的に考えて、モノやサービスの仕様や特徴、そして価格や納期を考えて自社が対象とする顧客を特定し、その内容を事業計画書に記載すべきです。

●競合分析のポイント

市場における競争状況と競合他社を把握し、分析します。

顧客を軽視した場合

どんなによいモノやサービスを提供しても、価格を重視する顧客が大半であれば、高い価格のままでは売れ行きがかんばしくない。逆に、品質のよいモノを求めている顧客層がある場合には、価格を下げても売れない。そのほかに、手軽さ、手に入る時間、スピード、納期を最も重視する顧客もいるので、そのニーズに応えないと売れない。要するに、顧客のニーズを真剣に考えないと、売れるポイントを外してしまうリスクが生じる。

具体的には、競合他社の数や規模を分析したうえで、主な競合他社を特定します。そして、競合他社の業績、マーケットシェア、モノやサービスの特徴などを調査して、競合他社の強み、弱みを分析します。

価格競争があまりない状況で競合他社が新たに斬新なモノやサービスを考案して、あっという間に市場を席巻する例もあります。その場合、自社も機能やサービスの多様化を負けないように進めなければなりません。

自社のモノやサービスが業界標準でコストパフォーマンスもよいことを理解してもらい、顧客の支持を集めることも考えたいところです。

価格も品質も同じ程度であるが、競合他社が物流ルートを徹底的に見直し、納期を短縮して顧客を奪う例もあります。自社も新たな物流会社との連携で、同じかそれ以上の納期を達成することを考えたいものです。

このように、競合他社との関係を検討したうえで、モノやサービスの仕様や特徴、そして価格や納期を考えて、その内容を事業計画書に記載します。

●自社分析のポイント

事業内容、人員、事業所、製品特性、管理部門のレベルなど多面的に自社の経営状態の現状を調査します。その際、自社の強み、弱みを経営資源（ヒト、モノ、カネ）の整

競合他社を軽視した場合

競合他社が創意工夫し努力して顧客に受け入れられると、自社がどんなにがんばっても勝てない可能性がある。たとえば、競合他社が短期間でコスト削減を実行して、大幅に安いモノやサービスを同品質で売れば、圧倒的な差をつけられる。自社に体力があれば、価格競争を主導する。または、自社もできる限りのコスト削減策を打ち出し、価格が低下しても利益を出せる計画を立てるなどの工夫をすべきである。

備状況も勘案しながら競合他社と比較し、何が強く、何が弱いのかを客観的に分析します。

とくに理由がなく過去からの経緯で販売できているだけだと、競合他社が触手を伸ばしたときや不況のときなどに簡単に競合他社に取って代わられ、取引がなくなるおそれもあるので、抜本的な対策が必要になります。

自社の状況を冷静に分析し、何か内部問題が生じてないかを確認するか、何か脇が甘い対応が潜在的にないかチェックするなどを繰り返し行います。

設備増強、外部連携、人材補強、資金調達プランなどの改善すべき事項を事業ストーリーに描き、事業計画書に反映させます。

4Pの組み合わせで儲ける仕組みを吟味する

経営理念、事業コンセプト、経営環境、3Cを検討して事業ストーリーが明確になってくると、事業を行うマーケット（市場）と顧客がおおよそ決まるので、次はその顧客へのモノやサービスの「売り方」を考えます。

そこで、「4P」という考え方で儲かる仕組みを考え、その結果を受けて、事業基盤の最適な組み合わせを吟味します。

自社を軽視した場合

自社の中に何らかのマイナス要因が生じると事業の状況を暗転させる要因が足元から生まれ、業績悪化につながる可能性がある。たとえば、キーパーソンが突然退職する、売上拡大に見合った設備投資の遅れ、設備の老朽化や陳腐化による生産力の低下などの悪い面が突然に露呈することはよくある。その結果として急速に競争力が落ちて自滅し、売るに売れない事態を招くこともありうるので、自社の今を知ることは非常に大事なことである。

その際、モノやサービスの仕様や特徴、そして価格や納期を考えて、事業計画書においても、その内容を記載します。

ここで説明する4Pとは、**プロダクト**（Product）、**プライス**（Price）、**プレイス**（Place）、**プロモーション**（Promotion）の４つの頭文字を取ったものです。

事業を実際に行う場合、売るために重要な事業の流れをしっかり考えないと、よいモノやサービスがいくらあってもなかなか売れないものです。

事業の流れをしっかり考えて事業基盤を整備すべきであり、４Pを徹底的に考える必要があります。

したがって、４つのPをどう組み合わせるかを徹底的に考えて、戦略と戦術を効果的に練る必要があり、経営資源（ヒト、モノ、カネ）を適時適切に配置し、それぞれの事業基盤を整備し、事業を展開していくべきです。そうすれば、それらの施策を反映した事業計

4Pについて

Product　モノやサービスの仕様・内容（プロダクト）

品質・ブランド、特性、機能、スタイル、色、デザイン、サイズ、アフターサービスなど

Price　販売価格対策（プライス）

プライスゾーン、定価売上、値引売上、セット売上、支払条件、利幅など

Place　販売ルートの決定・整備（プレイス）

製造・配送ルート、売上ルート（直販、ネット通販、卸、無店舗、代理店）、立地、在庫配置など

Promotion　販売促進およびPR方法の確立（プロモーション）

広告、売上促進活動、イベント、PR活動、試供品提供、モニター、ダイレクトメール、展示会、ショールーム、訪問売上、対面売上、ディストリビューター、口コミ、SNSなど

画書に1本の筋が通ってきます。
このように、4Pのバランスを十分に考えて組み合わせることによって、業務の流れをうまく作り出し、3Cのバランスも確保しながら、確実に儲かる仕組みを備えた事業の流れを考え、事業計画書に記載すれば、非常に説得力が出てきます。

4Pのそれぞれにおいて少しでも利益を積み上げる（費用が少しでも減る）地道な努力、仕掛け作りを満遍なく行えれば、事業の流れの隅ずみに儲かる仕組みを作ることが可能になり、より強い会社になっていきます。

●4Pの組み合わせをフレキシブルに変える

4Pについては、ある1つの時点で固定的に考えるというよりは、環境変化、成長段階に応じて、4Pの組み合わせをフレキシブルに変えていくことが重要で

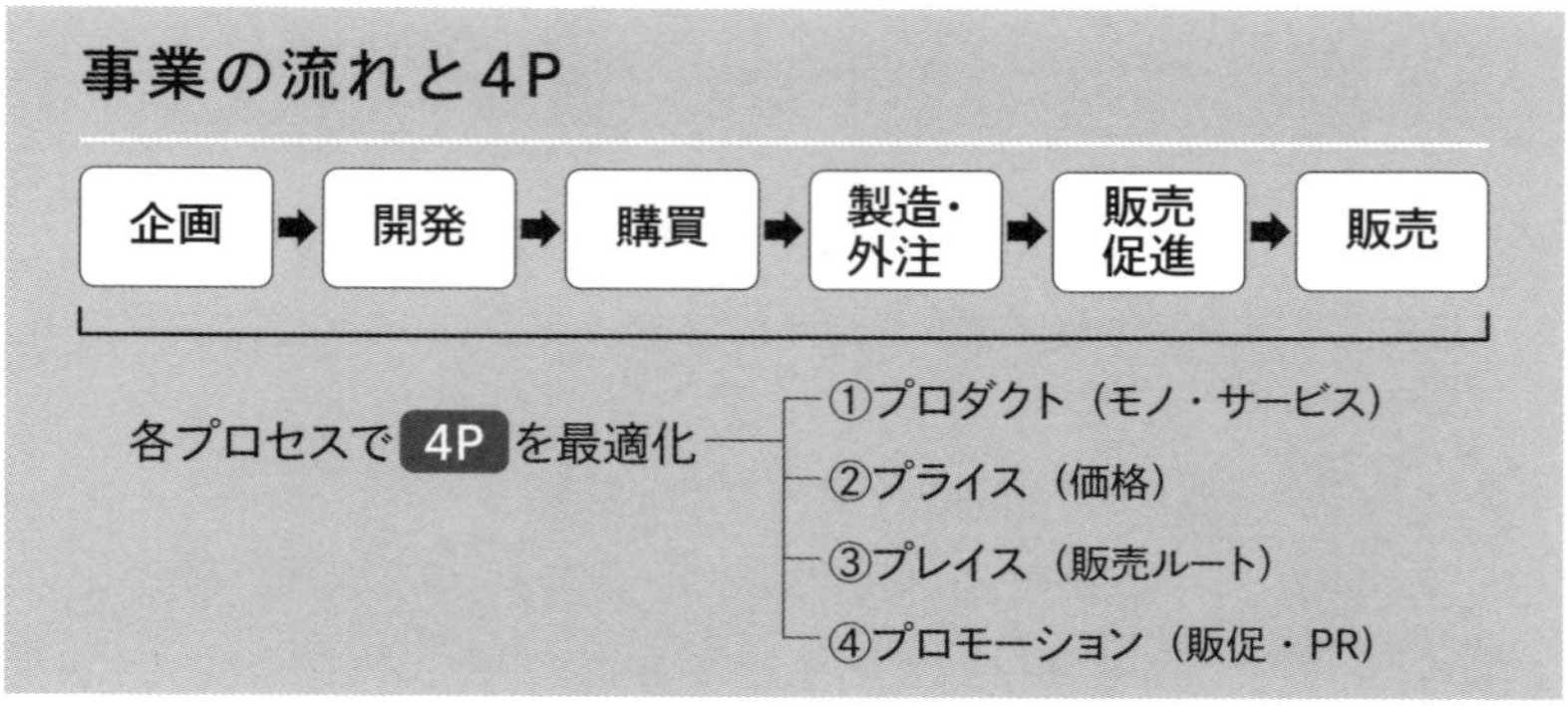

4Pの組み合わせは一貫性が大事

4Pのそれぞれに対応する戦略と戦術をバラバラに練ると、ほかの3つのPを台なしにしてしまうので、一定のストーリー性があることが大切である。たとえば、高品質（プロダクト）、高価格（プライス）を宣伝（プロモーション）し、スーパー（プレイス）で売るなどの不整合は、顧客目線を見誤っている。だから、誰にも買ってもらえず業績アップには結びつかないので、4Pの組み合わせは入念に検討すべきである。

す。当初は望ましい戦略であっても、３Ｃのバランスも変化するので、顧客ニーズから乖《かい》離《り》する、または競合他社が新たな展開をして競争力を増してくるなどが十分考えられます。よって、４Ｐの中身も変化に対応していかないと、ある時点から的外れで陳腐化した戦略と戦術になってしまうリスクが常にあります。なので、実行プランは一定期間経過したら、必ず見直すべきか検討し、必要であれば適切に見直すことが不可欠です。

モノやサービスを売るストーリーを決める

事業を行うにあたって、３Ｃ分析や４Ｐを十分検討して事業計画書に記載すれば、かなりの説得力が出てきます。併せて、何をどう売るかのストーリーを明らかにすると事業の中身をもっと理解してもらえます。

モノやサービスを売るマーケット（市場）と対象の顧客が決まったら、その中でどのようなモノやサービスを、どのように売るかをわかりやすく説明します。

モノやサービスの仕様や特徴を端的に説明するためには、対象とする顧客にどのような仕様で提供するか、そのうえで利用する際にハイエンドなものか、汎用的なものなのか、ローエンドなものなのかがわかることが重要です。

価格帯についても、業界の中での位置づけとして高額品なのか、標準品なのか、割安品・激安品なのかなどの区分で説明し、どう売りたいかがわかるようにすると、事業をどう展開したいかが事業計画書でも見えてきます。

どう売るかを説明するためには納期も重要な点になります。業界における平均的な納期に比較して、長期間（受注生産方式など）なのか、標準なのか、短納期なのか、今までにない最速納期なのかなどの区分を明確にして、どれに該当するかを説明し、アピールすれば事業の方針が事業計画書においてもはっきりとわかります。

価格と納期の組み合わせを戦略と戦術にする場合もあります。たとえば、納品スピードの違いで価格帯を変化させる施策を打つ場合で、当然納期が早いほど価格が高くなるような仕組みを導入し、顧客ニーズに合わせて対応を変えるなどがあります。ボリュームディスカウントなどを強調することもあるはずです。

そのほかに、最近ではｅコマースの活用や**オムニチャネル**[*21]を導入する場合もあるでしょう。それらの特徴があれば事業計画書にわかりやすく積極的に記載し、アピールポイントにすべきでしょう。

いずれにしても、モノやサービスが売れるための特徴、優位性、独自性を事業計画書の中でコンパクトにわかりやすく説明して、事業をよく理解してもらい、なぜ競合に勝てる

＊21 オムニチャネル

あらゆる販売経路を活用・融合して、顧客の消費環境に高い利便性をもたらし、収益力を向上させていく手法。実店舗販売・通信販売・ネット販売などを組み合わせて、集客力や販売力を最大化する。

かを内外の人々がイメージできるように記載します。

●企画から販売までをコンパクトに記載

このように、マーケット（市場）や顧客の対象と実際に売るモノやサービスが決まってくると、最初の企画から売るまでの事業基盤をコンパクトに記載することで、事業計画書から成長性や合理性、実行可能性をイメージできます。そして、モノやサービスの仕様・特徴や価格施策、納期を決めます。

モノやサービスを提供するまでには、いろいろな業務プロセスが存在していて、どのプロセスが欠けても顧客の要求するモノやサービスがスムーズに顧客の手元に届きません。

したがって、次からは事業基盤を業務の流れごとに、何を事業計画書の中で説明すべきかを理解していただきます。

仮想アパレル会社の事例は、下に示したように設定しました。

仮想アパレル会社の記載例

仕様・特徴

・ファミリーが世代を超えて着こなせる、質感のある自然素材の製品を手頃な価格で提供できる汎用品で事業を展開する。
・完全におそろいにはならないように品数を豊富にして、コンセプトは統一感があるもののファミリー各自の個性も生かせるラインアップを用意。

価格施策／納期

・モノのよさとコンセプトを支持してもらえる顧客層であるため、価格は手ごろであれば購買してもらえる標準的な品物を直営店中心に販売。ネット通販については、リピーター中心で通常の納期を設定した。
・多くの顧客は店頭でお気に入りをセレクトして購買してもらえるため、店頭での在庫の充実を図れば販売につながる。

事業基盤としてのビジネスモデルを確立する

同じ業界の中で同じようなモノやサービスを顧客に提供していても、事業基盤の一つであるビジネスモデルが異なると事業の流れ（業務プロセス）も変わり、事業ストーリー、その結果としての業績に大きな差が生まれます。

ビジネスモデルをどのようにするかは、それぞれの会社の戦略と戦術に大きく関わってくるため、慎重に検討して決めていく必要があります。

本書では、主な事業の流れとして、企画→研究開発→外部連携→仕入→製造→外注→物流→売上→販促・ＰＲなどについて、考え方や留意点を説明します。

①　企画、研究開発、外部連携の仕組み

新たな製造や新規サービスを伴う事業の場合は、企画、研究開発、外部連携などの段階から始まり、モノやサービスの実際の業務プロセスはそのあとに立ち上がります。よって、企画、研究開発、外部連携の有無やその内容をコンパクトにわかりやすく事業計画書の中で説明します。

まず新企画の状況についてですが、企画によってモノやサービスをどのようなものにす

るかが決まるので、事業の根幹ともいえます。今後新たにどんな事業に進んでいく方針があるのかが、簡潔にわかるように記載します。

企画力があると自負する場合はその理由として、優秀な人材の実績などの説明を加えることで、新製品や新サービスが生まれる仕組みがあることをアピールします。

研究開発活動が必要な会社においては、企画と研究開発は連動して、情報や課題をキャッチボールして最終的なモノやサービスに仕上げていかないと事業としてうまくいかないケースが多くなります。

組織のあり方に関係なく、企画と研究開発の業務をいかに効果的に連動できるかが重要といえ、新製品や新サービスがうまくできる会社かどうかが決まります。

研究開発の状況についてですが、たくさん活動している会社は、事業計画書にすべての研究開発について記載する

仮想アパレル会社の記載例

新企画状況

・自社 EC サイトだけのブランド立ち上げを準備中
・アジア進出の準備のため、開設メンバーを 3 人選抜し、香港駐在を開始

研究開発活動の状況

・世代ごとに新規デザイナーを 2 人ずつ追加し、新ブランドの立ち上げを準備中。これについては競合他社に気づかれないように新企画チーム内に入れ、外部的にも大々的にリリースすることは回避

外部提携

・自社 EC サイト用の物流倉庫と受け払いシステムを一括で請け負える連携先と契約を協議中（1 年以内の稼働を目標）
・天然の新素材を、長野県の農業試験場および国立大学と 2 年以内に共同開発

のではなく、中核事業に関わる技術や将来の新市場の機会をキャッチアップし、拡大できる技術などを中心に記載します。

自社技術だけでなく、技術の外部連携で有望事業となりうる場合などもあれば率先して記載します。

仮想アパレル会社の事例については、前ページ下に示したように設定しました。

② 仕入、製造、外注、物流の仕組み

モノやサービスを売るためには、材料や商品を仕入れ、必要なら加工（製造、外注）して、モノの保管や移動（物流）をしなければなりません。それらを確保する業務のプロセスとして、仕入、製造、外注、物流の仕組みが必要です。

仕入については、仕入先から直接仕入れるのが通常なので、事業計画書上も主な仕入先を記載します。

それ以外として、仕入先との間に問屋、商社、事業会社などが入り、間接的に仕入に関わる場合もあります。これらの仕入の委託先が間接的に介在して、仕入ルートの拡大や強化を支援してもらえるのかなどによって事業計画書も異なってきます。委託先がある場合は、仕入先と同様に仕入ルートの一つとして事業計画書に記載します。

製造・外注については、自社で一貫して製造する場合と、製造のすべて、または一部を外注する場合があります。

事業のやり方としては、どちらがいいかは一概にいえませんので、社内で製造できるか否か、製造できたとしても外注したほうがコスト面、品質面、効率面などで有利なら外注を選ぶか否かなどを決めていきます。

物流については、自社倉庫や自社運送を手がけている会社もまだありますが、倉庫や運送だけでなく、受発注システムも込みで専門的に請け負う外部連携先も増えています。自前で行うのがよいのか、外部連携がよいのかを見極めて、戦略と戦術を立てるべき時代になっています。

仮想アパレル会社の事例は、下に示したように設定しました。

仮想アパレル会社の記載例

仕入・供給ルート

・SPA（製造小売り）方式で、各世代の流行をいち早く取り入れた生産・供給体制を構築済み

・現在、国内に連携する製造メーカー２社があり、国内消費だけであれば供給体制は適切に対応

・製造後に仕入れた在庫は首都圏郊外の自社倉庫で一括管理しているが満杯状態が続いており課題があるため、倉庫の拡充を１年以内に行う予定であるが、さらに外部連携先を模索中

製造・外注ルート

・SPA 方式で国内製造メーカーに委託している
　＊当社の SPA 方式の詳細は別紙明細に添付

・２年以内にアジアに２つの SPA の拠点を設置する予定。アジア進出の供給基地としての位置づけと、国内で不足する供給体制の追加施策として考えている

③　売上の仕組み

優れたモノやサービスを持っていれば顧客は必ず存在します。そのため、さまざまな販売ルートで売ることが可能になります。その販売ルートとしては、すべて自社で直接売るか、外部に委託するか、一部だけ委託するかなどの選択肢があります。どの販売ルートを採用するとしても、売上手法や形態もさまざまな種類があるので、最適な手法や形態を顧客目線で徹底的に考えて検討する必要があります。多様な顧客ニーズを一つひとつ取り込めるように、いくつもの売上手法や形態を用意して、収益機会を少しでも増やす工夫をしていきます。

ただし、経営資源は限られているので、すべての顧客のニーズにすり寄るのではなく、自社の得意分野での販売に集中したうえで、その対象とすべき顧客に対して経営資源を傾斜配分し、売上パフォーマンスを上げていくべきです。

その際、売上のストーリーをどう考えるかについては、事業の選択と集中、パレートの法則、ロングテール理論など、いろいろな理論や考え方が提唱されているので、参考にするといいでしょう。

仮想アパレル会社の記載例

販売ルート

・自社直営店舗のみで首都圏は路面店舗中心、SC（ショッピングセンター）出店で全国展開
（店舗一覧は別紙明細参照）
・店舗設備はファミリー全員が居心地のよいスペースを上質な木目調のデザインで統一
（代表的な店舗の写真データー覧は別紙明細参照）
・ネット通販も併せて展開（年配の方にもわかりやすいサイト作り）
（サイトアドレス　https:// ○○○○○ .com/　）

仮想アパレル会社の事例は、前ページ下に示したように記載しました。

④　販促・PRの仕組み

販売促進活動および広告宣伝（販促・PR）のやり方次第で、売上ストーリーは大きく変わってきます。

実際に、同じモノやサービスを売るとしても、販売するための活動の仕方や広告宣伝方法が異なると、売上の程度にもかなり差が出るので、事業基盤の一つとして販促・PR活動をどうするかをきちんと計画することが重要になります。

自社のモノやサービスの特徴、対象となる顧客の消費行動・生活パターンなどを分析して顧客のニーズを的確に捉え、売上手法として直販方式、紹介制度、ネット経由などのどれを選択するのか、宣伝媒体としてはテレビ、ラジオ、新聞、チラシ、DMなどのいずれを選択するのか、またモニター調査、展示会方式、ショールーム展開、店頭売上、ディストリビューター制度、試供品展開などの手法を選択します。

その際に、どれを選択するかを決めるには、3C分析や4Pの考え方な

仮想アパレル会社の記載例

販促・PR

・多くの世代にファンを持つ女優Cを起用して、テレビCMを夜7時から10時のお茶の間タイムに集中実施
・店舗とECサイトでメンバー登録を推進し、メンバーに対するライフスタイル提案サイトを運営し、その中で当社ブランドをファミリーが着こなすシーンを日常、旅行、行事、外食などに分けて提案・発信
・購買履歴管理によるリピーターへの商品提案

ども活用して戦略と戦術を練ります。

このような検討をした結果、販促・PRの仕組みをどうするか決めたら、事業計画書に選択した戦略と戦術を反映させていきます。

仮想アパレル会社の事例は、前ページ下に示したように設定しました。

STEP_4

魅力あるストーリーを実現させるポイント

ストーリーで大事なのは独自性

かなり抽象的な質問ですが、

「新規事業を展開するときに、最も大事なことは何だと思いますか？」

と聞かれたら、読者の皆さんはどう答えるでしょうか。

聞かれた相手によって答えは違ってきますが、無難なところでは「一番に独自性。ユニークさと言い直してもいいでしょう」と私なら答えると思います。

売れるモノやサービスを世の中に提供していくためには、事業の内容に「独自性（ユニークさ）がある」ことが最も大事になると、私は確信しています。

なぜなら、モノやサービスに独自性があると、競合他社がまねできない優位性が確立しやすくなるからです。事業上の企画、アイデア、技術、業務プロセス、売り方などについて、独自性を多く持てるように創意工夫していくべきでしょう。

実務上、独自性を高めることと競争力を持つことは相関関係にあるので、競争力が高いことをＳＷＯＴ分析でもわかりやすく説明できます。

ＳＷＯＴ分析の結果、改善策が見えてきますが、強みをそのまま生かすか強化する、弱みを消すか少なくする、機会を捉えるか、脅威を避けるかつぶすかのいずれかを最大限行い、競争力を強化します。

これらの判断によって、独自性がおのずと高まり、競合他社がなかなかまねをできない事業基盤になります。

「顧客に対して独自性のある手段で特別な価値を提供できるか？」という質問に、即座にイエスと答えられるならば、それに沿った事業ストーリーを事業計画書に記載して自社の戦略と戦術として説明します。

ちなみに、独自性を持つと事業の勝算が高まるという考え方に、**ブルー・オーシャン戦略**[*22]があります。この理論は、「すべての事業領域をカバーするのではなく、事業の選択と集中を行って、事業領域をトレードオフし、何を捨てるかを決めることで競合優位性を持てる」というものです。勝てる領域で戦うのが常勝のコツです。

以上のとおり、事業計画書を作る際には必ず自社のモノやサービスの独自性について検討し、記載してください。

この欄に何も記載できないうちは際立った事業戦略がない状況といえるので、そのような戦略と戦術のない普通の会社から脱するため、早急な検討が必要です。

まだ、起業して間もなく、小さい市場やニッチ市場で競争しているうちは、ある程度努

＊22 ブルー・オーシャン戦略

W・チャン・キムとレネ・モボルニュが提唱した経営戦略論。事業成功のために、競争のない未開拓市場である「ブルー・オーシャン（青い海、競合相手のいない領域）」を創造するというアプローチ。競合優位を確保するために、何かを「減らす」「取り除く」、そのうえで特定の機能を「増やす」、あるいは新たに「付け加える」ことにより、自社の価値を向上させることを提唱。

力すれば業績が上がるかもしれませんが、大手と競争する段階になると、独自性、差別化、競争力の確保は不可欠になりますので、早い段階から入念に検討してストーリーを決め、それに近づく努力をしましょう。

どうしても独自性が見当たらないならば、事業を一から見直し、新たな事業を考えるべきかもしれません。

仮想アパレル会社の事例は、下に示したように設定しました。

独自性を見極めるチェックポイント

自社の独自性が現在どの程度あるか、冷静にチェックする必要がありますが、多くの場合、自社の分析が甘くなるか、悲観的になるか、いずれかに考え方が偏ってしまい、状況把握があいまいになりがちです。

そこで、ここでは私が提唱する事業基盤とコアコンピタンス、顧客満足度を競合他社と比べる方法を示します。３つのカテゴリーで合計して14のチェックポイントに絞って、判断することとします。

事業基盤としては、事業環境、リスク要因、ビジネスモデル、経営資源（ヒト・モノ・カネの３つの観点でチェック）、管理体制の７つの観点でチェック

仮想アパレル会社の記載例

独自性

・３世代のファミリー全員が世代を超えて着こなせるブランドを展開
・リピーター・ファミリーのコンセプトを理解し販売ができるベテランバイヤーが豊富に在籍
・３世代家族でまとめ買いした場合の家族割制度

します。

コアコンピタンスとしては、アイデア・企画力（魅力度）、研究開発力、供給・生産能力、営業力の4つの観点でチェックします。

顧客満足度は、品質、納期、価格の3つの観点でチェックします。

以上のチェックポイントで競合他社と比較し、判断します。次ページでチェックシートに例示したように、競合他社を2社程度ピックアップし、各観点で自社と比較し、○△×をつけます。競合が多い場合は社数を増やしてかまいません。

留意点として、どうしても自社の評価は甘くなりがちなので、冷静かつ客観的にチェックすることが大事です。検討するプロジェクトチームを作ってもいいでしょう。

●何をすべきかを検討する

チェックシートによって客観的に独自性が判断できたら、自社の独自性に関するコメントをまとめ、そのうえで各観点について今後何をすべきか、よく検討します。

現状維持でいいのか、拡大・強化を図るのか、部分的に追加措置が必要か、大々的に構造改革しないといけないのか、外部連携を図るべきか、何らかのM＆Aが必要かなどを○△×をつけて判断します。

単純に1つに○をつけるか、課題が複雑であればいくつか合わせ技で判断して○△×のマークをつけるかを決めます。

14の観点について、いくつも課題がある場合には優先順位をつけないと改革は実行できません。1番から3番または5番くらいまで順位づけをして、今後のアクションを決めていきます。

いろいろ考えが及ぶとは思いますが、経営課題、改革骨子の箇所に、事業基盤、コアコンピタンス、顧客満足度の大枠で当面やるべきことをわかりやすく端的にコメントして、今後の戦略と戦術に展開するポイントを明確にします。

最後に、社長の所信表明を一言コメントしてもらい、全社共通の課題にします。

3つの視点でストーリーをチェックする

事業計画書の中でストーリーを適切に描くには、成長性、合理性、実行可能性の3つの視点を兼ね備えているかが重要になります（206ページ図参照）。

それらを計画全体にバランスよく組み込むことで、業績向上を図れる魅力あるストーリーが実現できる方向に進みやすくなります。

独自性を判断するチェックシート

独自性のチェックシート	事業基盤							コアコンピタンス				顧客満足度		
	事業環境	リスク要因	ビジネスモデル	経営資源（ヒト）	経営資源（モノ）	経営資源（カネ）	管理体制	アイデア・企画力（魅力度）	研究開発力	供給・生産能力	営業力	品質	納期	価格
A社														
B社														
自社														

自社の独自性に関するコメント

	事業環境	リスク要因	ビジネスモデル	経営資源（ヒト）	経営資源（モノ）	経営資源（カネ）	管理体制	アイデア・企画力（魅力度）	研究開発力	供給・生産能力	営業力	品質	納期	価格
現状維持														
拡大・強化														
追加措置														
構造改革														
外部連携														
M＆A														
優先順位														

経営課題、改革骨子

【事業基盤】

【コアコンピタンス】

【顧客満足度】

社長の一言

●成長性のチェック

まず、ストーリーとして成長性を描けるかがカギになります。

実際に、自社の独自性を磨いて事業基盤を確かなものにするには、事業計画書の中で成長性を確保できる適切な内容を作り、それを遂行していくことが必要です。

成長を実現するシナリオを事業計画書で記載し、計画に沿った人員投入、設備投資、研究投資などを実行し、必要な事業基盤の整備によって成長がどのようになされるのか、どのように収益を生み出していくのかを示していきます。

基本的には、会社は成長していかなければ事業を安定して継続することができません。成長しない前提で説明されても、金融機関や投資家は支援する気持ちにはなれず、やはり、業績向上へのストーリーが不可欠です。

事業を始める場合には成長性をストーリー展開できる勝算が必要です。なぜ事業が成長していくのかを事業計画書に書き、社内外にわかりやすく説明し、賛同した人や会社が連携や資金の支援をすることで、

事業計画における成長性・合理性・実行可能性のトライアングル

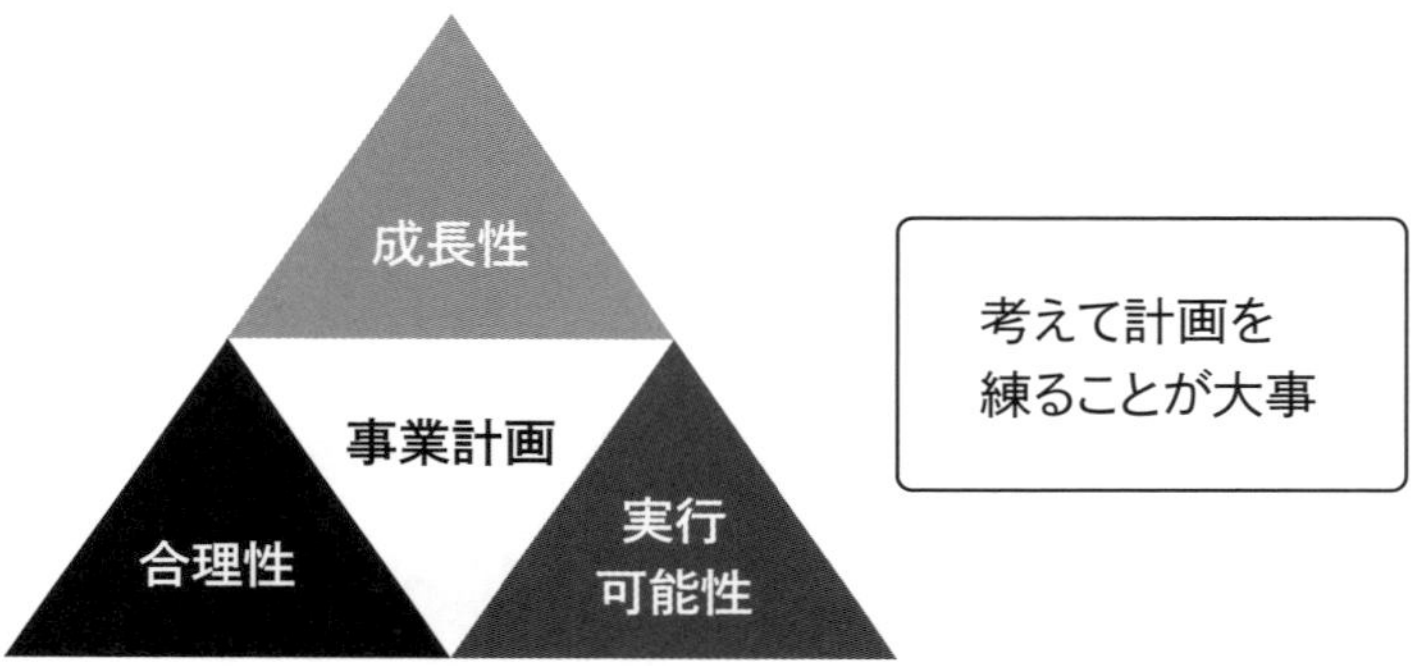

実際の事業が迅速に進められ、会社の今後のストーリーが動き出します。

●合理性と実行可能性のチェック

次に、その成長ストーリーを確実な計画に仕立てるために、事業計画書の合理性と実行可能性をチェックします。

非合理で実行不可能な事業計画書を作成すれば、事業計画書は信用されず、今後のストーリーを理解してもらえないばかりか、そもそも事業を遂行していく能力がないと判断され、会社の信用がガタ落ちになる可能性もあります。

一般的に、投融資の引受先はリスクを抑えたいので、事業計画書の合理性、実行可能性を念入りに吟味します。

その際、事業内容を評価するために、取引先や競合他社の情報も収集・分析し、事業計画書のストーリーが現実的か、実際の事業展開とつじつまが合っているか、終始一貫しているかなどを確認していきます。合理性と実行可能性があるかを、常に自問自答してストーリーを点検しなければなりません。

さらに、事業基盤の整備状況を勘案・検討し、実際の事業に照らして合理性や実行可能性が確実にあるかを判断します。

事業計画書を作成する場合には、事業環境、リスク要因、ビジネスモデル、経営資源、管理体制などの主な事業基盤の状況を検討しなければなりません。加えて、成長性に影響する市場規模、業界動向、需給動向、ＳＷＯＴ分析、競合状況、成長度合い、顧客や取引先の状況、法規制、設備投資状況、人員配置、資金繰り状況などを総合的に判断して、成長ストーリーとして合理性や実行可能性を確保できるかどうか吟味します。

そのうえで、各担当部門の陣容、情報や書類の流れ、部門間調整手順、規程やマニュアルの整備も同時に実現させて、初めて事業計画書が見込みではなく現実に沿ったプランになっていきます。

事業計画書の合理性や実行可能性をさらに高めるためには、決算数値の基礎となる売上・購買の単価や数量の推移、工場・拠点・店舗の整備計画、原材料・商品の供給体制、在庫管理体制、人員体制、設備投資、研究開発投資などについても、事業の流れに沿って詳細に動きを予測する必要があります。

実際の事業において外部連携を計画する場合、今後の連携

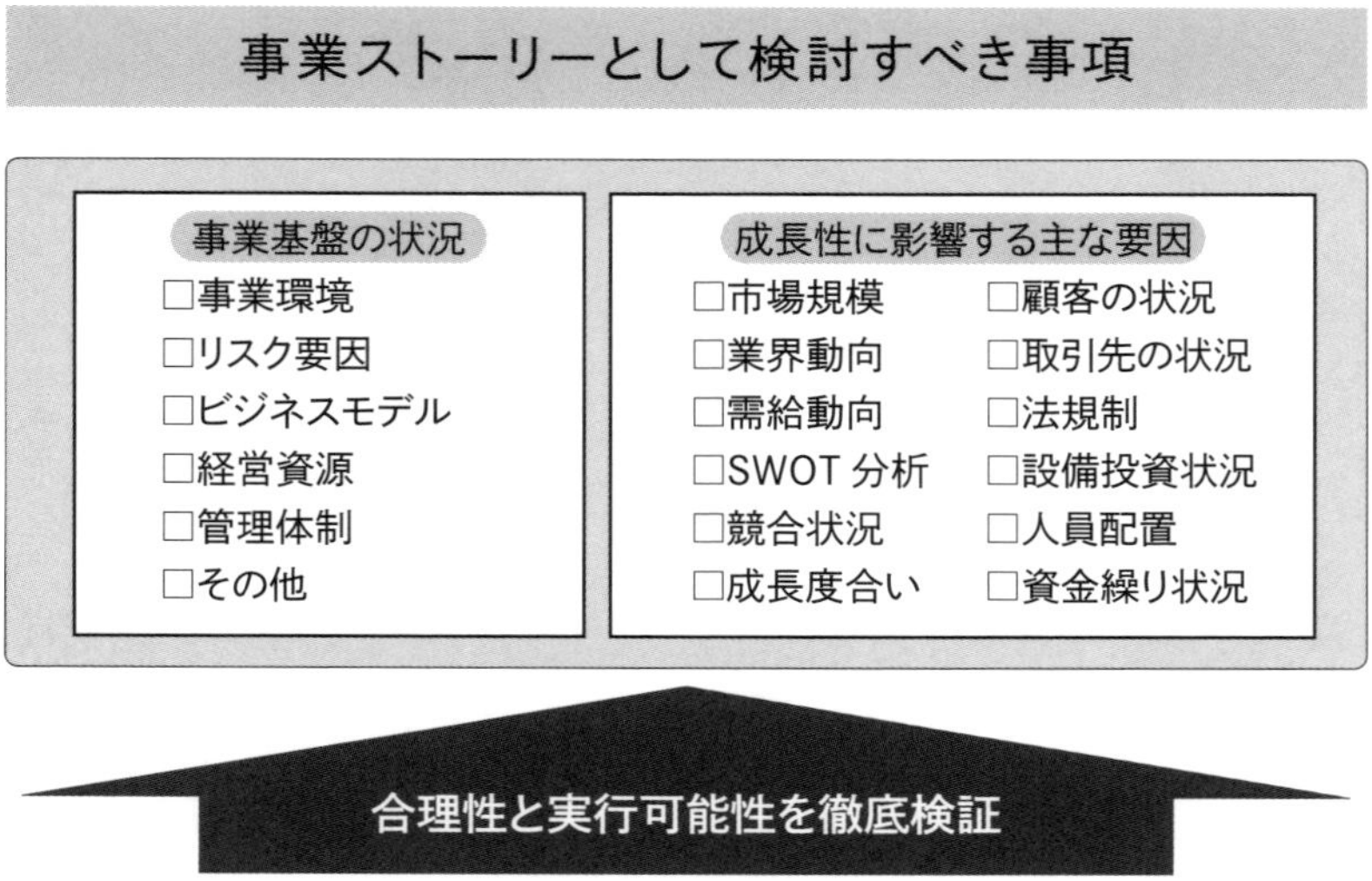

事業基盤の状況		成長性に影響する主な要因	
□事業環境		□市場規模	□顧客の状況
□リスク要因		□業界動向	□取引先の状況
□ビジネスモデル		□需給動向	□法規制
□経営資源		□SWOT分析	□設備投資状況
□管理体制		□競合状況	□人員配置
□その他		□成長度合い	□資金繰り状況

について、研究、製造、物流、営業などの各業務機能に分けて計画内容を事業計画書にも記載します。その状況に応じた決算の基礎となるデータも吟味し、計画にある売上、原価、経費、利益が最終的な数値として確かに見込めるかを検討します。

このように、成長ストーリーに無理がないかをいろいろな角度から分析し、仮に無理があれば、入念に検討して、それを是正・打開できる施策・アイデア、見積り計算を吟味して計画の精度を上げ、合理性と実行可能性を見いだしていきます。

みんなが関心を持つ成長ストーリーを

成長性を実現するためにも独自性と差別化要因が不可欠であり、前述したとおり、自社のモノやサービスに独自性や差別化できる要素があれば、競争力が増すので、競合他社よりも結果的に成長性を確保できる可能性があります。

自社のモノやサービスが独自性や差別化要因を有しているかは、社長の単なる思い込みではなく、客観的事実に基づく必要があります。

事業計画書においても、独自性に基づいた差別化要因をしっかり説明し、高い成長性があることをできる限り簡潔に記載していきます。

●金融機関など外部関係者に対しては

ところで、会社に成長性があれば競争力がある証しにもなるので、金融機関や投資家などの外部関係者は会社のストーリーに魅力を見いだし、資金を提供します。そうなれば、主な経営資源であるカネ（資金）を確保でき、それを活用して、ヒトやモノなどの経営資源も増強し事業を拡大することができます。

その後、資金を提供してくれた彼らは、金利の受け取り、配当の受け取りやキャピタルゲインによって、収益を得ます。そして、会社が成長して利益を蓄え、支払い能力を高めれば、競争力があると判断し、さらなる成長性を期待して追加の投融資をする可能性があり、事業拡大の好循環に入ります。

●社員たちの期待に応える

内部的にも、社長として強い思いで事業を始めた以上は、成長する会社に育つことが本意のはずです。そして、実際に成長して利益を蓄積していかなければ、社員に給料を払うことも、株主に配当を支払うこともできません。

実際に、社員たちが自分の成長や生活の向上を図れる自己実現の場として会社を見ることができれば、会社に定着しやすくなります。

社員たちが会社の成長を実体験すれば、自分の部署の増員や自らの給与・賞与の増額を期待するはずです。それに応えるためには支払う原資の確保が必要となり、成長性の実現による利益の積上げが不可欠になります。

●将来への事業価値向上を説明する

会社の成長性は、資金を提供する外部関係者のみならず、社長、社員、株主も含めた関心事です。成長性をストーリー展開できれば、財務的な観点からも増収増益の計画を立て、利益やキャッシュフローの増加計画を根拠にして、稼ぎを次の設備投資やコスト負担に回して事業を継続していくことができます。そして、会社の将来の事業価値が高まっていくことを事業計画書の中で説明できます。

さらなる事業拡大を目指し、自己資金に加えて投融資を受ける際には、資金の出し手に対して、いかに成長するかを事業計画書で十分に説明できれば、成長性があることに賛同してもらえて投融資の実行につながっていきます。

まず、成長性があるモノやサービスを展開できる会社であることを、わかりやすくアピールします。そのうえで、それを確実に実行するために、どういう設備や陣容が必要なのか、どの程度の研究開発や広告宣伝が必要かをストーリー展開し、そのための必要資金がどの程度であるかを説明します。

事業ストーリーの見積り

成長性を十分検討せずに過去の数値だけを頼りにすると、実際に起きている経営環境の変化を読み間違えてしまい、現実の動きを見誤る。現在の経営環境と将来の成長ストーリーを吟味したうえで、所属するマーケットの伸長率やマーケット内での自社の伸長率を予測し、過去数値からの伸び方を分析・判断し、今後の売上、コスト、利益を見積もるべき。

経営環境を踏まえて成長性を説明する

事業計画書として成長性を描く場合には、経営環境について十分踏まえるべきです。外部環境を分析してマーケット動向との関係からの成長性、内部環境を分析して競合他社との関係から、マーケット内における自社の成長性（他社と比べた強み）を主に検討します。どちらの要因で成長しているのかをよく理解しておくことが重要であり、事業計画書の中で、どうして売上が伸びているのかという理由について成長性の分析結果を示したうえで、どの程度の成長性を見込めるかをきちんと説明する必要があります。

まず、外部環境として自社の所属する業界における将来の市場規模に関する見込みを、公表データや直近の業界の状況などから客観的に分析評価して業界マーケット全体の成長性を見込みます。

同じ業界で実力を認め合える競合他社と競争はしても共存共栄できる余地があれば、あえて同業の経営層と定期的に交流して情報交換を行い、業界動向を分析するのも有効です。業界専門家や学者や研究者がいれば、意見やコメントを拝聴することで業界情報の強化をも試みるべきでしょう。

第三者機関による信憑性《しんぴょう》ある客観性の高い市場データがない場合は、自ら業界に関する

成長できない部門がある場合

お荷物となる事業部門の存在意義を入念に検討して、事業を継続すべきか早めに判断すべき。もし、撤退するなら、そのリソースを成長分野に投入して事業の選択と集中を図る。業界マーケットが非常に小さい場合は、まだ自社に体力があるうちに、現在の経営資源を使って、別のマーケットに参入して新たな成長性を見込めるストーリーの追加を模索するべき。

何らかの資料を収集して、バラバラな情報をつなぎ合わせて、市場規模や市場の成長率を独自に見積もることも試みたいところです。

次に、経営資源の状況などを分析して内部環境を吟味し、所属する業界で成長していくために何をすべきか個別具体的に考える必要があります。

たとえば、今後見込める自社の顧客数や取引先数を検討してデータを割り出し、過去の導入実績、現在の受注残、今後の見込み集計、投入できる人員や拠点の拡大プラン、さらには業界再編、M&Aや外部連携の必要性などを検討して業界内で自社がいかに成長できるかを検討します。

研究開発を伴う事業の場合は、開発スケジュールと開発完了後の市場投入時期、収益見通しも同時に検討したいものです。

仮想アパレル会社の事例は、下に示したように設定しました。

ストーリーに合理性を持たせる

事業計画書をどうすれば信用してもらえるかを考えた場合、とにかく利用者(読み手)にいろいろと説明する必要があります。ただ、その最大のポイントは、

仮想アパレル会社の記載例

事業の成長性

・SC展開が順調に毎期伸びている
・自社通販サイトも軌道に乗り出しており、売上全体の15％まで伸長する見込み
・アジアへの進出により巨大マーケットでの販売拡大

内容が十分に納得してもらえる合理性（説得力）を持っていることです。

そのため、損益計画の大枠だけを示すのでなく、売上・研究開発・購買・製造・外注・物流・システム化などの業務のプロセスをそれぞれ個別の計画で示します。そのうえで、それらを実行するための人員計画、投資計画、資金計画などの経営資源（リソース）の手当てとの関係も具体的に明確に示します。

●社外の関係者に対して

事業計画書の外部の利用者に対して、売上規模と利益規模だけを示して「信用してください」と言っても信用されるはずはないので、さらに具体的な個別の計画を積み上げることが不可欠です。

併せて資金の流れも同時に計画できていないと、やはり信用されません。ストーリー展開にあたっては、キャッシュフローの流れも十分考慮すべきであり、そうすることで事業計画書に合理性が出てきます。この点は、ＳＴＥＰ５で説明します。

また、期待される目標利益や平年並みの利益をもとに、売上、原価、費用を逆算し、見積り計上して、事業計画書をバラ色に見せることは意外と簡単にできます。

しかし、ヒト・モノ・カネの動きを考慮した合理的な裏づけがなければ、そのような計画を立てても、必ずどこかに合理的ではない動きが露呈してしまい、事業計画書の利用者

営業キャッシュフローと利益の違い

決算書上で売上高、利益が計上されていても、掛売りや滞留債権になっていると資金はまだ会社に入っていない。そのため、キャッシュフローの概念では、「キャッシュインがない状態」といえ、事業活動を通じて実際に稼いだ結果である営業キャッシュフローを獲得していないことになる。

が信用しない原因となってしまいます。

●ストーリーの合理性を確実に説明

事業計画書を作る際には、自社の置かれた経営環境をしっかり見据えて、成長性のあるストーリーを確実に実現するために、実行すべき戦略と戦術を周到に考えます。それらを事業計画書に織り込んで人員計画、設備計画、資金計画などのつじつまの合う合理性のある内容に仕上げなければなりません。

描いた会社の今後のストーリーをどうやって実現させるかを合理的に説明するためには、扱うモノやサービスを何にするのか、それを売るために事業の拠点数や人員数をどの程度増やすのか、営業時間をどの程度にするのか、事業の流れについて自前で行う部分と外部連携する部分をどう切り分けるのか、などを理路整然と予測していきます。

ちなみに、事業計画書で過去実績を参考にすることはすべて否定されるものではありません。経営環境や戦略と戦術をきちんと吟味したうえで、前期以前の財務数値の実績を徹底分析して、今後の数値として根拠ある売上単価と売上数量の伸び方を予想して計画数値を算出します。さらに売上以外の各項目の増加率や売上比率なども同様に吟味して、売上原価や経費の過去数値からの伸び方を見積もれば、現実を踏まえた将来の計画数値が導きやすく、合理性を見いだせる場合もあります。

仮想アパレル会社の事例は、下に示したように設定しました。

実行可能性があるストーリーに仕上げる

事業計画書の中で成長性や合理性について的確にストーリー展開できたとしても、実際にそれを実現できなければ実務上は何も意味がありません。

そのため、描いたストーリーに沿って、自社の経営資源の現状と手当てできる程度などをきちんと勘案して、事業の流れが実際に起きるように実行可能性を高める創意工夫が必要になります。

その際に、事業計画書の数値は、あくまでも見積りであり、常に不確実性を有するので、いろいろな場面を想定してストーリーのシミュレーションを事前に繰り返し行います。そのうえで、手当てできる戦略と戦術を考えておく必要があります。変化に合わせて実行できる施策を複数用意して、臨機応変に実行力を高められるように準備しておくことが大切です。

それぞれの施策を展開した場合に資金がいくら必要か、必要な時期はいつぐらいかなども具体的にシミュレーションします。

多少の環境変化があっても事業をやりくりし、いくつか選択肢を考えてお

仮想アパレル会社の記載例

事業の合理性

・SCは5％、自社通販サイトは7％成長を見込むが、過去5年間それ以上の伸びを記録しているため、無理のないトレンドである。市場全体の伸びは当該数字以上の成長を確認済み
・アジアのアパレル市場規模は数十兆円あり、日本市場の5倍以上のため十分に進出の余地あり

き、実行可能性をさらに高めておきます。

つまり、現場の状況から判断して実行可能な計画および行動方針を立てる責任は社長自身にあり、現場はその行動方針に従う義務があります。そして、その行動方針どおりに営業担当者が忠実に行動しても計画未達成となった場合は、社長の立てた計画に無理があったと判断すべきです。

仮想アパレル会社の事例は、下に示したように設定しました。

成功ポイント（KFS）を明確にする

事業を成功させるためには、限りある経営資源を最適に配分する必要がありますが、それに加えて成功ポイントを明らかにすることも重要です。その成功ポイントを整理する概念として**KFS**（Key Factor of Success：鍵となる成功要因）があります。

業界によってKFSはまちまちですが、たとえば、独自性のあるモノやサービス、企画開発力、販売力、強力な提携先、秀でた流通チャネルなどがあげられます。

そして、業界の成功例や顧客ニーズを分析してKFSを特定します。

仮想アパレル会社の記載例

事業の実行可能性

・過去数年の実績から見込める成長トレンドであること、および、競合他社との差別化も図れているため、市場の成長に見合った動きは十分可能である

・アジア全体で日本のライフスタイルがトレンド化しており、日本ブランドの輸出は加速可能

ＫＦＳは、業界全体に共通するもの、または個々の会社単位で持っているものもあり、双方が存在する場合もあります。ＫＦＳが競合優位性を作り出している場合も多いため、事業計画書上も十分検討して、ＫＦＳが何かを見いだして記載する必要があります。

どの業界においても共通するＫＦＳとしては、立地の優位性、高度な技術力、開発力、利便性、ブランド力、品質、デザイン力、低コストの生産や業務管理体制、良質な顧客基盤、効率的かつ効果的な流通チャネルや物流体制などがあります。

同じ業種であっても特徴を持って事業を行うことによって、会社ごとにＫＦＳが異なっているケースもよくあります。

したがって、競合他社に比べてどのような独自性（ユニークさ）や強みを持っているのかを３Ｃ分析、４Ｐ、ＳＷＯＴ分析など、これまで説明してきた事業ストーリーの考え方を活用しながら、入念に検討し、把握する必要があります。

●経営環境の変化に合わせて再検討することも

ＫＦＳについては、経営環境の変化に伴って変わる可能性があるので、時点ごとに再検討していくことが必要です。たとえば、競合優位性を保つために従来は流通チャネルが重要であっても、市場の飽和により商品開発力が重要になることがあります。

厳しい経営環境のときほど、ＫＦＳの変化を察知して、新たなＫＦＳを事業展開の主軸にしていく機動性が求められます。

実際に、ＫＦＳを検討してみると複数見いだせることもありますが、まずは1つ、2つに絞り込んで事業展開に反映させます。

なぜなら、ＫＦＳを実現するために施策を実行するには一定の経営資源が必要です。すべてのＫＦＳの実現を目指すと経営資源が分散してしまい、結果的に中途半端に競合優位性が確保されるおそれがあるからです。

重要なＫＦＳを見極めて、事業計画書にも優先して主なものを記載して、社員の意識もそれに集中させるアクションプランなども重要になります。

仮想アパレル会社の事例は、下に示したように設定しました。

本書でここまで解説した内容に沿って、仮想アパレル会社の事業計画書に記載する定性的な情報を、事業に関するその他の情報も追加してまとめてみると、次ページ以降（224ページまで）のようになります。

仮想アパレル会社の記載例

成功ポイント（KFS）

- SC への新規出店ペースの加速
- 販売員の育成・強化
- 自社 EC 通販サイトの認知度の向上とスマホ対応の加速
- アジア進出を来年実現することで売上の面的拡大を加速

事業計画書の記載例

会社名	株式会社　フィフスアベニュー
会社住所	東京都渋谷区千駄ヶ谷　○○丁目○○番○○号
代表者名 (生年月日、略歴など)	会長　原田一二三 昭和30年８月４日生　元○○グループ在籍（当時、執行役員)、独立し、当社創業
経営幹部名 (生年月日、役職、略歴など)	社長　藤元正樹 昭和45年４月15日生　元○○グループ在籍（当時、部長)、独立し、当社共同創業
主な事業内容	婦人服の企画販売事業、オリジナル、ライセンスブランドの展開による、婦人服および、関連製品の製造加工販売 ※詳細については、別紙明細にて商品アイテム別や店舗の概況も添付
創業経緯・理由	・大手アパレル会社の執行役員まで経験した現会長が50歳のときに退社し、当社を仲間５人と創業 ・退社した出身会社は百貨店への出店に特化していたが、当社は都市型の繁華街での路面店と全国のSCショップへの出店を中心に国内500店を展開したい希望を実現するため
存在意義	多様化した顧客ニーズに応え、品数豊富で選択肢の多い店舗展開で、日常と非日常の双方のライフスタイルを提案できる専門ショップ
経営理念 ※趣旨説明も補足説明	「世代を超えてライフスタイルをお手伝いできる企業」 ※幼児、学生、OL、主婦まで幅広くデザイン、企画を提案し、ファミリー全員から選ばれる会社を目指す
事業コンセプト (Who、What、How)	お子様からご婦人まで、クオリティーライフを支える、お手頃な衣類を直接ご提供します ※３世代に共感される統一コンセプトで上質な天然素材を使ったモノを、直営店と自社ネット通販で販売する ※他社への卸売販売や他社通販サイトを経由しないこだわりを徹底し、希少性を高める ※日本発のブランドとして海外マーケットのニーズに合わせて、海外業者と提携し現地で販売

マーケット動向 （件数・規模等）	急拡大、堅調、横ばい、縮小／国内、アジア、EU、米国 （　現在　10兆円　／　潜在需要　15兆円（海外含む）　） ・百貨店や中小専門店は5％以下の伸びを予想 ・SCなどの伸びは5％以上を予想 ・アパレル・ネット通販市場は8％以上の伸びを予想 ※詳細別紙にてマーケット分析
顧客ターゲット （対象とした理由）	10代から60代までの女性 （世代を超えて愛される企画・デザインで、一定以上の品質をリーズナブルな価格で提供） ※詳細別紙にてマーケット分析
競合状況 （優位性、特色、課題）	無　・　有　／内容：　とくに、30代から40代の世代の競合が激しい ・子ども服まで手がけている競合他社が少ないため、成人する前にファン層を固めることが可能 ・同じファミリー内で世代を超えて、トータルで支持される可能性が高い ・アパレル市場全体の成長の鈍化、かつ、新興勢力の登場が多い ・ネット通販の成長をいかに取り込んでいくか
代替状況 （概要）	無　・　有　／内容：　店舗販売をしないECサイト専門業者の台頭 アパレル産業全体の店舗販売の成長が鈍化する中で、ネット通販だけが成長余地があり、無店舗でネット通販だけで売上を急拡大している新興勢力も増えつつある

事業リスク （具体例）	ガバナンス、ヒト、モノ、カネ、IT、技術、連携、法改正　他（　　　　　　　） ・日本全体で人手不足が深刻化する中で、アパレルの店舗スタッフの確保が慢性的に厳しい ・ネット通販にも進出する準備をしているが業界上位レベルのシステム構築がまだ道半ば ・ネット通販の物流を支える倉庫とシステムの確保、強化が追いつかない可能性もある	
（対応策）	・アルバイトの正社員化により人員の定着率の向上 ・物流倉庫と関連システムを同時提供してもらえる外部連携先を検討中	
SWOT 分析	強み　Strengths ・既存店のリピーター割合が高い ・製造委託先との連携で品質、価格の競争力高い ・SC 出店増加数が業界ナンバーワン ・３世代にクロスセルができる ・販売データから顧客への提案型販売が可能	弱み　Weaknesses ・創業メンバーへの依存度が高すぎる ・店員の確保が厳しい ・60代以上のリピーター割合が減少傾向 ・一部に没個性との批判がある
	〔留意点〕 ・リピーターを囲い込みマーケティングの強化 ・SPA（製造小売り）の連携先の追加確保 ・SC などのディベロッパーとの関係強化	〔留意点〕 ・次世代幹部候補生の育成 ・アルバイトの正社員化の促進 ・高齢者からの支持が高いデザイナーのスカウト
	機会　Opportunities ・ネット通販の自社サイトの強化 ・アジア市場への進出 ・男性カジュアル製品への進出 ・海外ブランドとの提携 ・第４のポジション「高機能・低価格」市場の拡大 ・数年後に株式上場	脅威　Threats ・百貨店やその他の量販店の復調 ・同様のコンセプトの同業の台頭 ・ネット通販専門業者の台頭 ・SC 販売の伸びの鈍化 ・海外同業者の日本進出 ・日本経済全体の停滞
	〔留意点〕 ・最先端のサイト運営技術の導入 ・アジアの流通大手との連携 ・メンズファッション系の会社のＭ＆Ａも視野に	〔留意点〕 ・自社のネット通販サイト販売を売上全体の15％まで拡大施策 ・SC 運営会社との協力関係強化 ・ブランドの定着の促進

仕様・特徴 （概要）	ハイエンド・汎用品・ローエンド ・ファミリーが世代を超えて着こなせる、質感のある自然素材の製品を手ごろな価格で提供 ・完全におそろいにはならないように品数を豊富にして、コンセプトは統一感があるもののファミリー各自の個性も生かせるラインアップを用意
価格施策／納期 （概要）	高額、標準、割安、激安　／　長期・通常・短期・最速 ・モノの良さとコンセプトを支持してもらえる顧客層であるため、価格は手ごろであれば購買してもらえる ・多くの顧客は店頭でお気に入りをセレクトして購買してもらえるため、在庫の充実を図れば販売につながる ・自社通販サイトの納品を翌日配送にする仕組みを目下構築中
新企画状況	・自社 EC サイトだけのブランド立ち上げを準備中 ・アジア進出の準備のため、開設メンバーを 3 人選抜し、香港駐在を開始
研究開発活動の状況	・世代ごとに新規デザイナーを 2 人ずつ追加し、新ブランドの立ち上げを準備中
外部提携 ・有　無 ・時間軸	・自社 EC 通販サイト用の物流倉庫と受け払いシステムを一括で請け負える連携先と契約協議中（1 年以内） ・天然の新素材を長野県の農業試験場および国立大学と共同開発中（2 年以内）
仕入・供給ルート （概要）	SPA 方式で各世代の流行をいち早く取り入れた生産・供給体制を構築済み ・国内に連携する製造メーカー 2 社があり、国内消費だけであれば供給体制は適切に対応 ・製造後に仕入れた在庫は首都圏郊外の自社倉庫で一括管理しているが満杯状態が続いており課題あり→倉庫の拡充を 1 年以内に行う予定であるが、さらに外部連携先模索中
製造・外注ルート （概要）	自社　・　委託　／具体名：　上記説明どおり、SPA 方式 ・SPA 方式で国内製造メーカー委託　※当社の SPA（製造小売り）方式の詳細は別紙明細添付 ・2 年以内にアジアに 2 つの SPA の拠点を設置する予定で、アジア進出の供給基地としての位置づけと国内で不足する供給体制の追加施策として考えている
販売ルート （概要）	自社　・　委託　／具体名：　首都圏は路面店舗中心、SC 出店で全国展開 ・店舗設備はファミリー全員が居心地のよいスペースを上質な木目調のデザインで統一 （代表的な店舗の写真データ一覧は別紙明細参照） ・ネット通販も併せて展開（年配の方にもわかりやすいサイト作り　https://○○○○○.com

販促・PR	・多くの世代にファンを持つ女優Cを起用して、テレビCMを夜7時から10時のお茶の間タイムに集中実施 ・店舗とECサイトでメンバー登録を推進し、メンバーに対するライフスタイル提案サイトを運営し、その中で当社ブランドをファミリーが着こなすシーンを日常、旅行、行事、外食などに分けて提案発信 ・購買履歴管理によるリピーターへの商品提案
独自性 (ユニークさ)	・3世代のファミリー全員が世代を超えて着こなせるブランドを展開 ・リピーター・ファミリーのコンセプトを理解し販売ができるベテランバイヤーが豊富に在籍 ・3世代家族でまとめ買いした場合の家族割制度
事業の成長性	・SC展開が順調に毎期伸びている ・自社通販サイトも軌道に乗り出しており、売上全体の15％まで伸長する見込み ・アジアへの進出により巨大マーケットでの販売拡大
事業の合理性	・SCは5％、自社通販サイトは7％成長を見込むが、過去5年間それ以上の伸びを記録しているため、無理のないトレンドである。市場全体の伸びは当該数字以上の成長は確認済み ・アジアのアパレル市場規模は数十兆円あり、日本市場の5倍以上のため十分に進出の余地あり
事業の実行可能性	・過去数年の実績から見込める成長トレンドであること、および、競合他社との差別化も図れているため、市場の成長に見合った動きは十分可能である ・アジア全体で日本のライフスタイルがトレンド化しており、日本ブランドの輸出は加速可能
成功ポイント（KFS）	・SCへの新規出店ペースの加速　・販売員の育成・強化 ・自社ネット通販サイトの認知度の向上とスマホ対応の加速 ・アジア進出を来年実現することで売上げの面的拡大を加速
優先課題	ヒト、モノ、カネ、IT、技術 ・販売員の育成・強化 ・自社ネット通販サイトおよびライフスタイルを提案するマーケティングサイトの充実・強化
主な知的財産・商標権 (概要、特許番号)	・商標権 ・自社ECサイトおよび店舗販売データをビッグデータ化してデータマイニングした結果を用いて店員がリピーターに推奨品を提案するツールを開発し、特許申請中
過去のメディア掲載等	別紙資料参照

STEP_5

事業ストーリーを シミュレーションする

ストーリー性の有無をしっかり確認する

事業は、一定の戦略と戦術に従って展開され、一定の結果が導き出されますが、事業計画書で扱う財務数値もその流れがわかるストーリー性が必要です。つまり、どの程度の設備投資や研究開発を行い、どのような仕入や外注を行い、いかに物流体制を作り、コストをいくら使ってどの程度の売上を実現するのか等々、事業の流れに沿って計画数値を見積もり、事業計画書に記載します。

そして計画に沿った事業展開のシミュレーションになっているかをあらゆる角度で検証し、全体のつじつまが合えば事業計画書としての合理性と実行可能性が生まれてきます。

つまり、実際に計画した戦略と戦術のアクションプランや具体的な施策など定性面のストーリーがすべて財務数値に反映され、定量面でも一貫性がある形になっているか、必要な関連性をすべて確認するとともに、計画した戦略とそれを実行するための行動計画も連動しているか、などの点も併せて検証しなければなりません。

そのうえで、計画した業務の流れに沿って、資産・負債・資本や収益・費用の増減、キャッシュフローの獲得・流出がどのように発生する流れになっているか、つまりは財務数値のストーリーをシミュレーションします。

事業計画書を作る手順は状況により変わりますが、通常は、まず売上計画を戦略と戦術に基づいて決定します。次に、その売上計画を達成するために仕入計画、製造計画、外注費計画、物流計画、マーケティング計画などが決まり、それらを実現するためにヒト、モノ、カネに対応した人件費計画、設備投資計画、研究開発費計画、資金計画などを添えてストーリーを作ります。

その際、この流れを損益ベースだけで考えると現実的な計画になりにくく、財務数値のストーリー性にあいまいな点も生じるので、必ずキャッシュフローの状況（営業活動、投資活動、財務活動）も含むことに留意しなければなりません。

●まずは売上計画のストーリーを検討

事業計画書を作成する場合、経営環境による制約条件がとくになければ、売上計画から作り始めるのが一般的です。しかし、社長は高い成長性を見せたいがために、高すぎる目標を立てて達成困難な売上計画を作りがちです。この点は注意が必要です。

たとえば、モノやサービスを売る場合、人材不足では計画どおり

ヒト・モノ・カネの動きが、それぞれの計画に結びつく

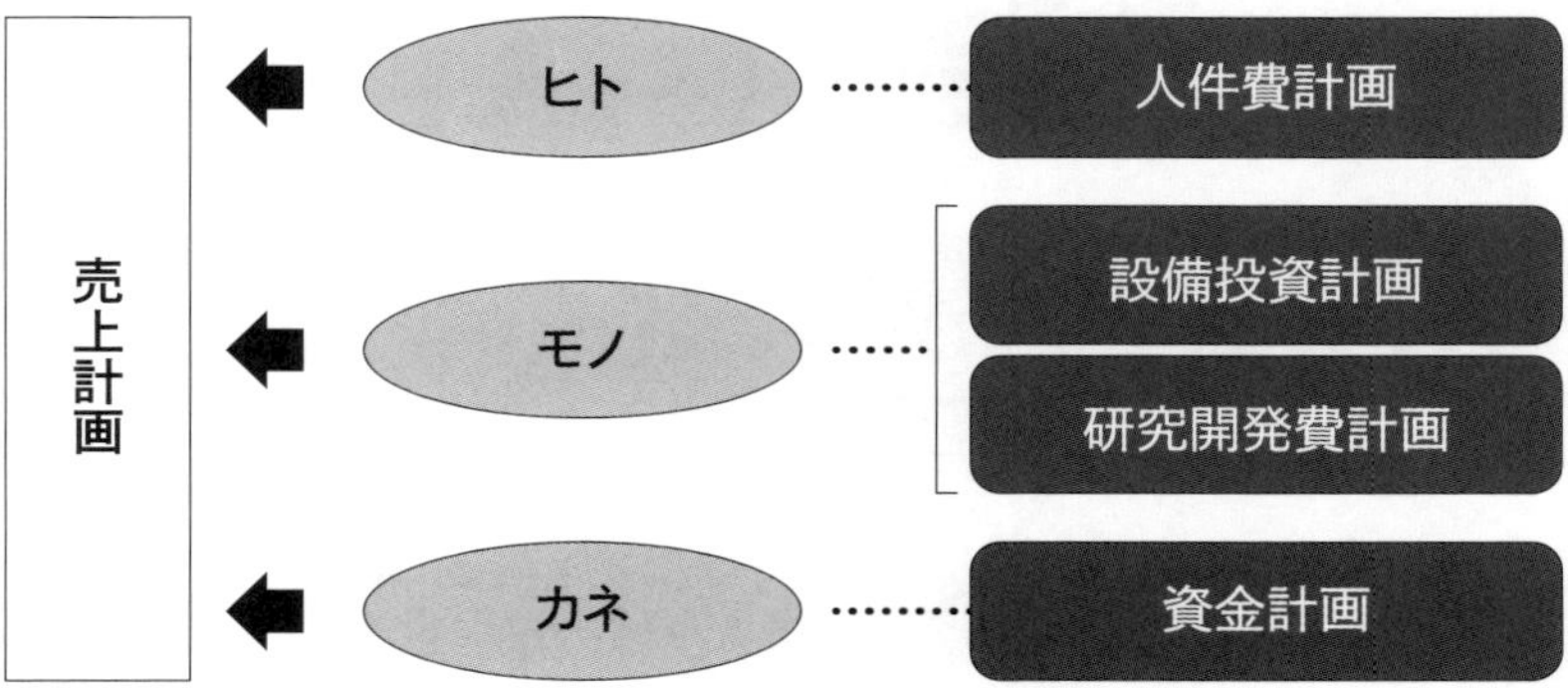

に売ることは到底できません。また、十分な人数の社員がいても、研究が進まない、作る機械や設備が予定どおりそろわないといった問題が発生しがちです。もちろん、売るものを十分手当てできる資金がなければ、売るモノを仕入れることができません。

要するに、売上計画からストーリーを展開するものの、人員計画、設備投資計画、研究開発費計画、資金計画といった経営資源（ヒト、モノ、カネ）に関する各計画もそれぞれ関連づけて同時並行で事業計画書を作らないと、合理性や実行可能性を確保できない結果となります。

どのように売るかを決めたら、それに伴う人員補強、設備や研究開発への投資などをスムーズに実行できる経営資源を予想し、個々の計画をしっかりと立てたうえで、それに見合った資金計画を十分反映させ、仕入、生産、物流、広告宣伝などの事業の流れと、かかるコストを入念に検討して事業計画書を作らなければなりません。

多くの場合、事業計画書作りにおいて目標をイメージしやすい売上計画から作り始めますが、過去実績の何パーセント増というような安易な設定は望ましくありません。

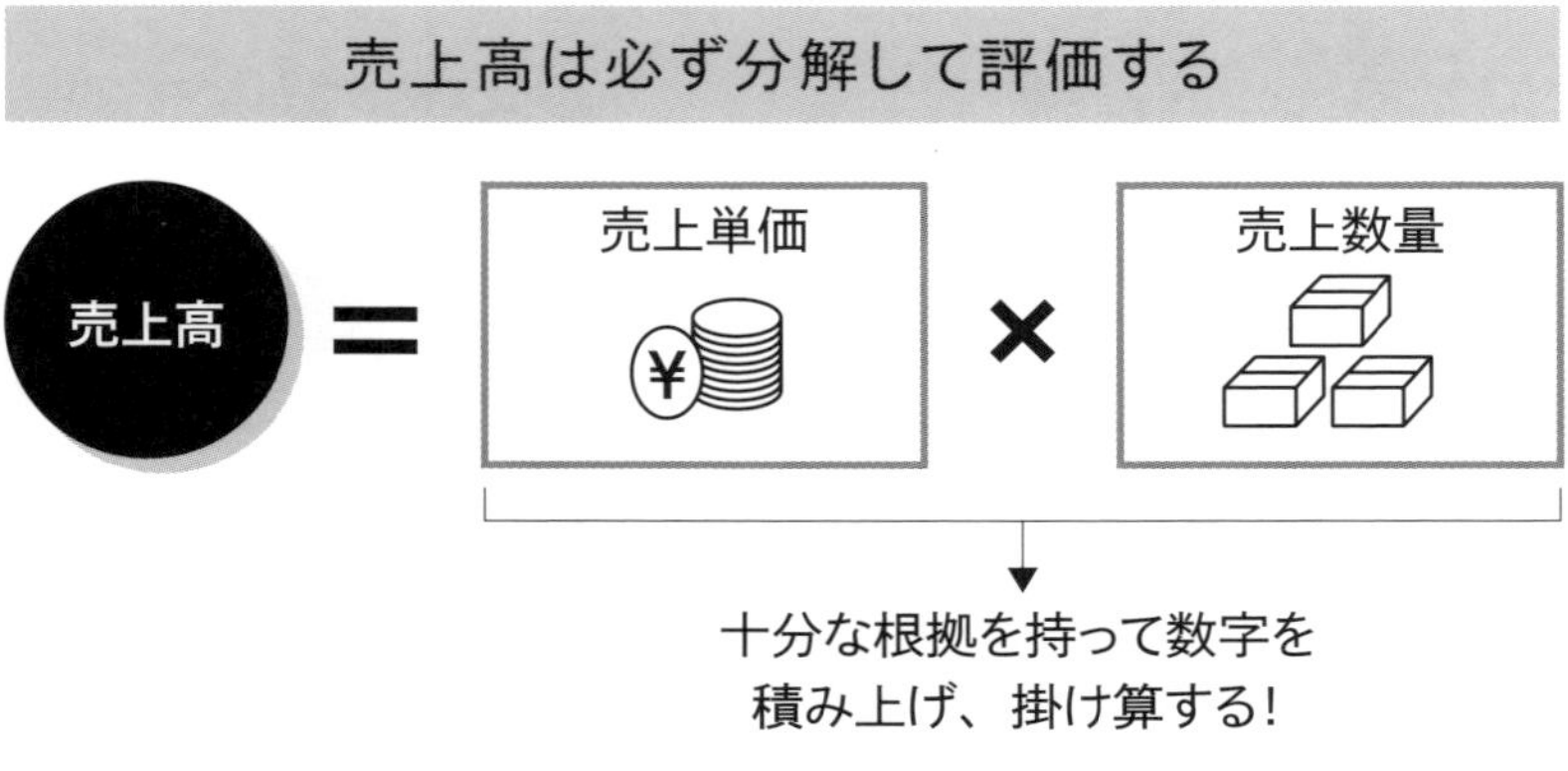

売上高は必ず分解して評価する
売上高
売上単価
売上数量
十分な根拠を持って数字を
積み上げ、掛け算する！

過去実績を利用する際には、あるべき目標を立て、それと過去実績とのギャップを埋めるための戦略と戦術を明確にしたうえで計画することが大事です。

売上計画は、売上単価×売上数量に帰結するので、単純に売上高をいくらにするかという計画は乱暴です。

必ず売上単価と売上数量に分けて、それぞれの状況判断をして、単価と数量の前期からの増減割合を見極め、その結果を売上計画に積み上げるべきです。

●売上計画以外から作る場合

実際に計画した事業を始めると、経営環境の変化でさまざまな制約が生じて計画どおりにいかないことも当然あります。可能性のある経営環境の変化をあらかじめ想定した**コンティンジェンシー・プラン**[*23]（Contingency Plan）を検討すべきでしょう。

つまり、それぞれ個別計画に関して発生可能性がある制約要因を十分加味しながら、たとえ発生しても、その制約がある中で、どうすれば売る機会を失わず、できる限り売上を最大化できるか、戦略と戦術を考えるのです。

要するに、制約が生じた場合、現実的かつ具体的にどんな戦略と戦術を取るかを先んじてシミュレーションしておきます。想定が大きく変化する可能性が高い場合は、想定ごとにいくつか別のパターンを準備しておいた事業計画書の中で、適当と思われるパターンを

＊23 コンティンジェンシー・プラン

不測の事態が起きたときのために、あらかじめ備えておく緊急時対応計画、措置のこと。その備えをすることで、不測の事態が生じて事業活動が中断する範囲を最小限に抑え、迅速かつ効率的に代替手段を講じ、素早く業務を復旧することが可能になる。

状況に応じて選択していきます。

通常は売上計画から作り始めるとはいっても、何らかの制約要因がある場合には、無理に売上計画から作っても達成可能性が低いので、その制約要因を踏まえて事業計画書の作る順序を売上計画以外に変えるべきです。

次のような場合は、売上計画以外から見積もるべきケースなので説明します。

●仕入計画に制約があるケース

仕入先となるメーカー側の理由で仕入時期が遅れる、また業界内の需給バランスが悪くなり価格の高騰や生産調整などが生じることで、供給制限がかかり、必要な仕入ができなくなるなどの制約が考えられます。

実際に、ハイテク製品で中国のレアメタルの輸出制限が起きて、仕入計画を縮小した日本メーカーが多く発生したことがあります。この場合、仕入計画を見直し、それに沿って売上計画の下方修正やコスト削減・縮小をするとともに、戦略と戦術の見直しとして、新たな供給先の確保や別の材料や部品の検討などを短期的に打ち出す必要があります。

●製造計画に制約があるケース

工場の生産能力に限界が生じているものの、補強してくれる外部委託メーカーが見つからない、設備を追加的に強化する資金の余裕がない、世界初の製品を生産するための難易度が高い設備であるため導入や調整に時間がかかる等々の制約が考えられます。

実際に、テスラが新型車を大量に先行受注したにもかかわらず、製造ラインの稼働状況が思わしくなく、年間の納車計画を大幅に見直し、国際的に話題になったことがあります。この場合、設備の稼働状況に応じて可能な限りの生産計画を当面は作るしかありません。したがって、その生産計画に沿って、売上計画ほかの主要項目の見直しを図ります。

●資金面に制約があるケース

会社の信用がまだ低いため、銀行借入がままならない、第三者の引受けによる増資や社債の発行が実現しないなどの制約が考えられます。

実際に、リーマンショックのときは多くの会社で資金確保が十分にできず、事業の撤退や計画の大幅縮小に追い込まれました。この場合、資金の確保が十分できないがために、事業機会や成長機会があっても計画を実現できません。

しかし、会社を存続させるためには事業をやめるわけにはいかないので、確保できる資金の範囲で事業の内容や範囲を見直し、それに合わせて仕入、生産、物流、売上、その他経費の支出計画を練り、資金を何にどの程度使えばよりよい事業展開になるか優先順位を考え、業績が向上する機会を待つように計画を見直します。

実務上、手当てできる資金（売れるモノは売って資金化）の中でやりくりし、事業の継続を最優先にして持久戦に持ち込み、絶対に自社がつぶれない計画を作るべきです。

部門別に計画を作ることも大事

売上計画は単価と数量に分けて計画しますが、さらにそれらを部門別に、たとえば、得意先別、拠点別、担当者別などに分けて売上計画を作ることで、より詳細で現実的な計画を立てられます。一定の単位を設けて計画を積み上げて会社全体の売上計画を作るため、**積上げ方式**と呼びます。

売上計画を部門レベルから積上げ方式で作れば、計画数値と実績の差異分析も部門別に把握できるため、きめ細かい改善案を検討することができます。大半の会社が部門ごとに売る力は異なるので、経営上もよいところ、悪いところは部門別に把握すべきであり、そのまま伸ばすべき部門と改善すべき部門がよりわかるようになり、部門ごとに創意工夫がしやすくなります。

売上以外の経費全般の計画についても、部門別に行うとかなり現実的な数字を見積もれます。実際に使う各部門に、それぞれのコストについて昨年よりも多くなるのか、少なくなるのかを確認すれば、現実的な動きに関連して計画見積りをしやすいからです。

無駄なコストを要求されないようにチェックする必要はありますが、とりあえず実際の動きに沿ったコストを予算化できるように全社的に検討すべきです。その際、計画見積りの理由資料として増員や設備や備品の必要性も上がってくるので、次に説明するヒト、モノ、カネの部門別の積上げも同時に管理側で把握することができます。

ところで、売上計画は単価と数量の組み合わせで見積もるのが一般的と説明しましたが、事業展開によっては、それ以外の見積り方法で、売上計画を立て、管理レベルや見積り精度を上げることができる場合もありますので、そのケースもいくつか説明しておきます。

●売上計画＝市場規模×自社の目標市場シェア

自社が所属する業界の市場規模を金額ベースでも導き出すことができれば、競合他社の動向、変化を把握したうえで、市場における自社の今後の実力を冷静に見極め、あるべき自社の市場シェアから売上計画を算出できます。

●売上計画＝(市場規模÷市場全体の数量データ)×自社の数量データ

自社の市場シェアがわからない場合、顧客数、有料会員数、使用量(時間や回数など)などの数量データについて、市場全体と自社のそれぞれが把握できる場合は、市場規模(金額)と市場全体の数量から平均売上単価が把握できるので、その単価に自社の数量データ（目標値）を乗じることで、売上計画とする場合もあります。

●拠点別売上計画＝1日平均の応対顧客人数×成約率×顧客への平均売上単価

携帯電話、住宅、保険などの業界は、一度購入すると次の購入までに比較的長く期間が空くため、新規顧客数を意識的に確保する戦略や戦術を立て、成約率を少しでも高めて、購入してもらえる客単価も工夫しながら売上計画を拠点別に立てます。

●営業ルート別売上計画＝担当者の目標数量×平均売上単価

既存の顧客を中心にモノやサービスを売る場合、営業担当者の目標の中心は既存顧客との取引の継続維持、拡大であり、対象顧客に売る取引量または取引種類を増やす売上計画を立てます。

●売上計画＝店舗別の1日の来店目標顧客数×顧客別の平均売上単価

小売業や飲食業のほかにいろいろな専門サービス（賃貸物件、冠婚葬祭相談、フィットネス、英会話、受験、ローン等）などがあります。

各エリアに根を下ろして拠点を設置し、顧客が来店したら接客を行い、モノやサービスを売っていきます。

実際に売る際の戦略と戦術

顧客を増やすために、宣伝、チラシ配布、店頭イベント、期間キャンペーン割引、店舗ディスプレイの変更等々によって認知度の向上を図る、差別化のためのキャラクターなどを開発して親近感を持ってもらい来店の敷居を低くするなどいろいろな活動を併せて実践し、集客力や成約率を高める。

その際、販売地域の区画整備のほか、人口や世帯数の動向、競合他社の進出・撤退状況、流行トレンドや消費動向の変化、関係法令やルール改正などの外部環境を総合的に勘案して顧客数を見積もり、売上計画を立てます。

以上のように、売上計画を作ると、それ以外の計画の多くは売上に関連して作れますが、売上計画以外で個別にきちんと計画しないと現実的な事業ストーリーが描けないものとしては、経営資源をいかに使うかがあります。ヒト（人件費）、モノ（設備投資、研究開発投資など）、カネ（キャッシュフロー）の計画をいかに作るかについて、経営資源ごとに個別の計画の作り方を説明します。

人件費（ヒト）計画をどう立てるか

事業ストーリーは、ヒトの使い方によって大きく変わります。社内の人々に支払う人件費について、工場やソフトウエア制作に従事する社員の人件費は労務費として売上原価に含まれ、営業や管理部門で働く社員の人件費は給料として販売費及び一般管理費（販管費）に含まれます。それぞれの関連コストとして福利厚生費などもあります。

一般的に、人件費は売上原価や販管費に占めるコスト割合が非常に大きいため、社員の配置を増減させる人員計画は事業計画書を作るうえでもかなり重要なので、人事政策と関連させてしっかり計画を立てる必要があります。

たとえば、事業を積極拡大するときは人員採用を増やす計画、業績が横ばいのときは人員を据え置く計画、リストラをするときは人員削減の計画を立て、それぞれに合わせて人件費を見積もって事業計画書に反映させます。

このように、人事政策によって短期的に大きくコストが変動する傾向があるので、長期的な視野で人員計画を立て、計画の精度を上げて適切な事業計画書を作ります。

実際に人員計画を作る場合、原則として部門別、拠点別などで策定し、社員間で報酬に差がある場合には、職階なども考慮しながら人員配置を計画して、その分類に基づいてコストを集計します。

その場合、職階ごとの平均月額報酬を単価設定し、人数の分布に応じて人件費計画を積み上げて作ります。部門別や拠点別の人数枠のみではなく、職階別に人数を設定して人件費計画を作ることによって、計画と実績に差異が生じた場合に、職階ごとにピンポイントで原因追究や改善策の検討ができることになります。

以上のように人件費計画をまとめていきますが、研究開発やメーカーにおける工場やソフトウエアの制作、営業や店舗の販売担当などの各現場についても、同様に拠点別、職階別に人員配置や職階ごとの平均人件費を見積もり、会社全体の人件費計画を立てることに

人件費計画の立て方

（単位：人）

職階別年度別人員数	中計１年目	中計２年目	中計３年目
役員	3	3	4
管理職	5	8	10
従業員	60	75	120
派遣社員	15	20	25
パート・アルバイト	8	10	18
合計	91	116	177

（単位：千円）

職階別年度別１人当たり報酬・給与	中計１年目	中計２年目	中計３年目
役員平均年収	15,000	15,000	15,000
管理職平均年収	8,500	8,000	9,500
従業員平均年収　※	6,200	6,500	6,800
派遣社員平均年間支払額	3,600	3,800	4,000
パート・アルバイト平均年間支払額	2,400	2,450	2,500

※正社員の場合は、賞与、通勤費、残業代などの時間外手当のほか、社会保険料（労災、雇用、健康保険、厚生年金など）がかかるので、それらの分を上乗せする必要があり、おおよそ20～30％は人件費として加えておくべき。年間想定平均給与額が400万円だとすると20～30％を上乗せすると500万円。

※所属部門や雇用契約の違いで報酬水準が大きく異なる場合には、上表より細かくその違いごとに分けて要員計画と平均年収を見積もり、人件費を算出する。

（単位：千円）

人件費計画	中計１年目	中計２年目	中計３年目
役員	45,000	45,000	60,000
管理職	42,500	64,000	95,000
従業員	372,000	487,500	816,000
派遣社員	54,000	76,000	100,000
パート・アルバイト	19,200	24,500	45,000
合計	532,700	697,000	1,116,000

各年度のキャッシュフロー必要額	▲532,700	▲697,000	▲1,116,000

なります。

設備投資（モノ）計画は資金（カネ）計画と連動

設備投資計画は、売上計画と資金（カネ）計画、人件費（ヒト）計画を総合的に関連づけて作る必要があります。

とくに、資金（カネ＝キャッシュフロー）計画との関連が重要です。十分な内部留保としての現預金残高、資金化できる優良資産、追加の資金手当てなどがなければ、満足な設備投資ができません。

損益面から見ても、設備投資をするとその後の一定期間に減価償却費が発生するため、設備投資は損益計算書上の利益を圧迫する要因になります。大規模設備ほど償却負担も大きいので、資金面だけではなく、損益に与える影響も大きくなります。

そこで、設備投資計画を立てる際は、今後の償却コスト計算を含めた毎期の予想損益計算書も併せて検討すべきです。とくに、設備投資が毎期多額に上る会社では長期にわたって多額の減価償却が行われるので、損益面での多大な影響を計算し、長期にわたり採算性を考慮した計画を作る必要があります。

ただし、償却費はキャッシュフロー上の非資金費用なので、資金面から見ると内部留保

設備投資計画の立て方

固定資産に関するキャッシュフローの支出として、設備投資の必要性を考えて、中計（中期計画）１年目1800万円、中計２年目4800万円、中計３年目2400万円の設備投資計画を立てる。そして、その合計である9000万円の資金をいかにタイミングよく確保するかを検討し、自己資金、借入、増資、社債発行、それらの組み合わせのいずれの手段を取るか計画し、資金計画において、どの年度にどの手段で固定資産の取得のためのキャッシュフローの収入を確保するか見積もり、計画を立てる。

（単位：千円）

	中計 ゼロ年目	中計 １年目	中計 ２年目	中計 ３年目	合計
①過去に取得した額	44,000	0	0	0	44,000
①に関連する減価償却費	2,000	2,000	2,000	2,000	8,000
①に関連するキャッシュフロー	0	0	0	0	0
②中計１年目での取得額	-	18,000	0	0	18,000
②に関連する減価償却費	-	300	1,200	1,200	2,700
②に関連するキャッシュフロー	-	▲ 18,000	0	0	▲ 18,000
③中計２年目での取得額	-	-	48,000	0	48,000
③に関連する減価償却費	-	-	800	1,600	2,400
③に関連するキャッシュフロー	-	-	▲ 48,000	0	▲ 48,000
④中計３年目での取得額	-	-	-	24,000	24,000
④に関連する減価償却費	-	-	-	900	900
④に関連するキャッシュフロー	-	-	-	▲ 24,000	▲ 24,000
合計　年度別　固定資産取得額	44,000	18,000	48,000	24,000	134,000
合計　年度別　減価償却費	2,000	2,300	4,000	5,700	14,000
合計　年度別　キャッシュフロー	0	▲ 18,000	▲ 48,000	▲ 24,000	▲ 90,000

【設備投資計画の概要説明】

▷固定資産は取得時に一括してカネ（キャッシュフロー）の支出があるが、その後、取得総額を償却期間で案分していく減価償却費という費用（コスト）計上を損益計算書の中で実施していくことになるが、償却費はカネ（キャッシュフロー）の支出はない。このため減価償却費は非資金費用と呼ばれる。

▷固定資産というものは、先行投資的なものなので、取得時以降の売上に投資効果が生まれてくる。しかし、減価償却費は売上の増減に関係なく、取得時以降は規則的にコストが計上されるため、売上に比例してコスト水準が決まるわけではないので、変動費というより固定費としての特徴が強い。したがって、事業計画書において、売上比率で見積もるコストではなく、設備投資計画を立てて、その結果として各年度の減価償却費を見積もり、計上していくことになる。

▷固定資産は戦略や戦術を立てると必要なモノが見えてくるので、業績をストーリーどおりに向上させるためには、具体的に、建物、工場、研究所、倉庫、機械、車両、備品などの取得を年度別にどのように計画するか検討し決定する。そして、取得金額および償却計算を見積もり、上記のような計画を立てる。

的に大きく影響します。したがって、設備投資計画と資金計画に際しては償却費の増減が間接的に大きく影響します。

研究開発費計画も資金（カネ）計画との関連が重要

会社で研究開発費計画を立てる場合、開発が完了するまで多額のコストが先行するため設備投資計画と似た傾向があります。毎年、研究開発コストを多く支出している上場会社の製薬メーカーや化学メーカーなどの決算数値を見ると、売上の何パーセント程度を研究開発費に充てているかという傾向がわかります。

ライバルとの開発競争が激しい業界では、自社の体力に合わせて研究開発コストを最大限引き出すことが競合優位性を確保できるため、売上規模を少しでも増やしてコスト負担能力を高める努力をしており、その一環でM＆Aを検討する会社もあります。

この場合、売上計画の何パーセントは研究開発費にすべて注ぎ込むといった研究開発費計画を立て、それに合わせた人員計画もありえます。

一方で、これからの新技術や新製品を手がけていく研究開発型の会社では、足元の売上と関係なく、研究開発の計画を立てることが最重要課題となります。

本来は、到達目標を社長と研究開発責任者が話し合い、必要な人員計画を立てるべきで

研究開発費計画の立て方

研究開発費のキャッシュフローの支出として、中計（中期計画）１年目２億2800万円、２年目３億2000万円、３年目４億8000万円の計画を立てる。そして、その合計である10億2800万円をいかに確保するかを検討し、自己資金、借入、増資、社債発行などのいずれの手段を取るか計画し、どの年度にどの手段で研究開発費負担のためのキャッシュフロー収入を確保するか資金計画を立てる。

（単位：百万円）

	中計１年目	中計２年目	中計３年目
売上	3,800	4,000	4,800
研究開発費以外の総コスト　①	2,500	2,500	2,800
仮置きの営業利益	1,300	1,500	2,000
研究開発費比率の目標	6％	8％	10％
研究開発費の総額　②	228	320	480
総コスト　①＋②	2,728	2,820	3,280
見積もり後の営業利益	1,072	1,180	1,520
営業利益率	28％	30％	32％

研究開発費のキャッシュフロー	▲ 228	▲ 320	▲ 480
必要支出合計	1,028		

【研究開発費計画の概要説明】

▷研究開発を重んじて、その成果をもって競争力を強化する会社は、会社のコスト負担能力を最大限使って研究開発を進める計画が必要になる。そのため、会社の体力に応じて、売上比率の何パーセントを研究開発費に投じるかを計画するのも一法である。研究開発費の水準はいくらが望ましいとはなかなかいえないが、会社の体力に合わせて、最大限努力をして効果的に資金を投入していく方針を採れば、上記のように売上に対する研究開発費比率を目標に掲げ、見積もっていく方法がある。

▷全体の利益を高めていくことができれば、研究開発費比率の目標も高めていくことができる。会社の体力に合わせた無理のない計画になるが、本当に必要な研究開発費の計画規模であるかどうかは慎重に検討しないと成長機会や競争力に課題を抱えることになる。逆に、売上が増加すると研究開発費が比例して増加することになるため、プロジェクト・マネジメント上は無駄な支出や研究成果が売上に結びつかないおそれもある。費用対効果が適切であるかどうか、検証が必要になる。

す。しかし、研究開発型の特徴として開発終了して販売できるまで売上の発生が後づけになり、売上代金に頼れない事業基盤であるため、まずは開発目標を立て、研究開発資金をどう手当てするか（内部留保、借入、増資、資産売却、事業譲渡など）がポイントになります。

したがって、手当てできる資金によって研究開発の活動範囲が決まり、研究人員を何人抱えられるかなどの今後の計画進捗《しんちょく》が左右されるため、資金（キャッシュフロー）計画との関連づけが何よりも重要になります。

このように、研究開発費計画は、資金の制約の範囲内でコストコントロールするしかありませんが、計画の遅れや許認可に手間がかかると、リリース、広告、売上などの時期が計画よりも遅れる場合もあり、実際にそのほうが多いかもしれません。

よって、売上やそのほかの経費などに関する計画見直しは、事前に複数の時間軸やプランを検討するコンティンジェンシー・プラン（229ページ参照）をいくつか準備し、状況に応じてフレキシブルに計画変更できるように備える必要があります。

資金（カネ）計画はすべての計画と連動

資金、すなわちキャッシュフローは、すべての計画にひもづきます。各計画が資金（カネ＝キャッシュフロー）計画と連動していないと、事業計画書全体が絵に描いた餅となる可能性が大きくなります。

しっかりした資金計画も立てて、初めて現実的な事業計画書が完成できます。そして、資金計画は、決算書のキャッシュフロー計算書と関連づけるため、経営全般を営業活動、投資活動、財務活動の３区分に分けて、資金がどう生まれ、どう使われたかを明確にします。

●営業キャッシュフローの計画と記載法

まず、営業活動によるキャッシュフローは、売上を増加させ、代金を積み上げることで資金が得られれば増加します。この資金の増加が、今後の事業継続の源泉となっていきます。このキャッシュフローが増えている会社は事業がうまくいっているといえます。

逆にいえば、営業キャッシュフローが増加しないと、事業の継続がむずかしくなる可能性もあるので、増加する施策を検討する必要があります。

営業活動としては、企画、仕入、製造、外注、物流、販売などの主な流れがありますので、それらの計画をどう結びつけ、事業計画書にどう記載するかを十分検討し、それらの損益の流れと資金の流れを合理的に計画して記載します。

●投資キャッシュフローの計画と記載法

投資活動によるキャッシュフローは、投資の回収によって資金を得ることもできます。ただし、投資活動には必ず最初の仕込みが必要なので、第一に投資をして資金を拠出し、次期以降に配当や金利で収入を得るほか、投資した有価証券や土地などを将来売却して資金化することになります。

投資または売却するタイミングは、長期の計画の中で周到に検討すべきです。そして、投資活動は資金を支出する活動と収受する活動が、時間差で生じてくる特徴や流れをしっかり見定めて事業計画書に記載します。

●財務キャッシュフローの計画と記載法

最後に、財務活動によるキャッシュフローは、営業活動や投資活動の動きによって、必要資金のボリュームが変わり、外部関係者を通じて、その資金を手当てする、その後返済するなどの取引活動になります。

事業計画書の計画数値の立て方

各計画と過去実績のトレンドを総合的に吟味して次期の事業計画の見積りを決定！

計画見積りシート (単位 千円 百万円)	過去実績： 3カ年業績 2018／3期	2019／3期	2020／3期	事業計画 2021／3期	
(主な決算書項目)					
売上高	1,142,971	1,382,935	1,681,781	1,786,473	売上計画から見積り
売上原価	577,826	683,162	833,243	897,474	目標にする売上比率で吟味
粗利益	565,145	699,773	848,538	888,999	目標にする売上比率で吟味
営業利益	134,101	130,402	164,463	127,292	目標にする売上比率で吟味
経常利益	155,732	135,470	180,676	188,999	目標にする売上比率で吟味
当期利益	107,474	79,337	117,388	123,999	目標にする売上比率で吟味
流動資産	637,537	717,037	874,394	924,583	売上計画や資金計画から吟味
固定資産	263,670	275,270	289,311	313,535	設備投資計画と連動して吟味
流動負債	217,578	273,196	292,242	338,046	資金計画と連動して吟味
固定負債	93,902	83,069	96,658	302,411	資金計画と連動して吟味
純資産（株主資本）	589,726	636,041	774,804	597,661	資金計画と連動して吟味
総資産（総資本）	901,208	992,307	1,163,706	1,238,119	資産、負債、資本のバランス
営業キャッシュフロー（営業C/F）	99,474	110,595	134,931	98,755	資金計画から見積り
投資キャッシュフロー（投資C/F）	▲62,584	▲56,323	▲73,145	▲245,939	資金計画から見積り
財務キャッシュフロー（財務C/F）	▲24,226	▲44,060	▲41,784	201,428	資金計画から見積り
(以下、主要データ)					
現預金及び現金同等物 ※1	296,708	306,920	326,922	381,166	資金計画から見積り
売上債権 ※2	37,933	47,428	44,777	45,178	売上計画から見積り
棚卸資産	167,521	223,223	260,006	270,004	売上計画と連動して吟味
仕入債務 ※3	153,364	185,119	181,577	189,501	売上計画と連動して吟味
正社員数（役員含む）	23	30	41	43	人件費計画から見積り
パート・アルバイト数	23	25	27	26	人件費計画から見積り
人件費（役員含む）	140,111	184,864	230,815	242,033	人件費計画から見積り
償却費	23,607	30,808	37,758	36,797	設備投資計画から見積り
支払利息	638	933	1,137	2,402	資金計画から見積り
設備投資支出	40,009	59,109	62,460	52,385	設備投資計画から見積り
研究開発費支出	0	0	0	0	研究開発費計画から見積り
広告宣伝費支出	52,693	60,941	68,474	71,611	販促・PR施策から見積り
借入金増加・社債発行・増資	16,640	862	1,814	249,369	資金計画から見積り
(以下、主要な経営指標)					
1人当たり売上高（千円）	24,847	25,144	24,732	25,891	
1人当たり人件費（千円）	3,046	3,361	3,394	3,508	
粗利益率	49%	51%	50%	50%	
営業利益率	12%	9%	10%	7%	
経常利益率	14%	10%	11%	11%	
当期利益率	9%	6%	7%	7%	
ROE（当期利益÷純資産）	18%	12%	15%	21%	
ROIC ※4	30%	25%	28%	20%	
ROA（営業利益÷総資産）	15%	13%	14%	10%	
財務レバレッジ（総資産÷純資産）	1.53	1.56	1.50	2.07	
総資本回転率（売上÷総資産）	1.27	1.39	1.45	1.44	
キャッシュフロー・マージン ※5	9%	8%	8%	6%	
売上債権回転率（売上高÷売上債権）	30.1	29.2	37.6	39.5	
売上債権回転日数 ※6 ①	12.1	12.5	9.7	9.2	
棚卸資産回転日数 ※7 ②	105.8	119.3	113.9	109.8	
仕入債務回転日数 ※8 ③	96.9	98.9	79.5	77.1	
CCC ※9	21.1	32.9	44.1	42.0	
運転資本 ※10	52,090	85,532	123,206	125,681	
フリーキャッシュフロー ※11	36,890	54,272	61,786	▲147,184	
EBITDA ※12	179,977	167,211	219,571	228,198	
流動比率（流動資産÷流動負債）	293%	262%	299%	274%	
固定比率（固定資産÷純資産）	45%	43%	37%	52%	
株主資本比率（純資産÷総資産）	65%	64%	67%	48%	

上記の計画数値から計算された結果について吟味し、より望ましい経営指標を目指すなら、計画数値のどれをもう少し努力するか施策も含め戦略と戦術を立てる。また、競合他社、業界平均、業界以外でも見習いたい会社などがわかれば、その経営指標を参考にする。

※1 期首残高＋営業C/F＋投資C/F＋財務C/F
※2 売掛金＋受取手形＋割引手形－前受金
※3 買掛金＋支払手形－前払金
※4 営業利益×（1－実効税率）÷（運転資本＋固定資産）
※5 営業キャッシュフロー÷売上高
※6 売上債権÷売上高×365日
※7 棚卸資産÷売上原価×365日
※8 仕入債務÷売上原価×365日
※9 キャッシュ・コンバージョン・サイクル（①＋②－③）
※10 売上債権＋棚卸資産－仕入債務
※11 営業C/F＋投資C/F
※12 経常利益＋償却費＋支払利息

資金不足になると事業を想定どおり進められないだけでなく、最悪の場合、資金ショートによる倒産もあります。なので、資金の調達と返済を長期的視野に立って周到に計画しなければなりません。一般的には、金融機関などからの借入や新旧株主からの増資などがあります。

財務活動は金融機関、投資家、取得先、売却先などの外部関係者の意思決定が絡むので、自社だけでは実行時期が決まりません。したがって、早い段階から用意周到に外部の意向を斟酌《しんしゃく》して速やかに水面下で交渉を進め、自社が望む時期に投融資計画が実現できるように、対外交渉力を強化することも、経営上はとても重要になります。

以上のとおり、営業活動、投資活動、財務活動について、それぞれ資金計画を立てるべきです。そして、優良企業には、キャッシュフローを効果的に事業に配分していく、つまり戦略的に財務を担っていく一流のＣＦＯ（最高財務責任者）が必ずいるものです。

自社を安定的に成長させたければＣＦＯを社内で育成するか、外部人材を採用し、事業の根幹になるキャッシュフローの収支をうまく動かし、成長できる基盤作りをしていくべきです。財務戦略が事業戦略を下支えします。

STEP_6

事業ストーリーのアクションプランを作る

今後の行動方針をアクションプランで把握

事業ストーリーをどう考えるかについての道筋は、これまでの解説でおよそのところはご理解いただけたと思います。もちろん、会社の事業計画は、考えるだけでは何の意味もありません。問題は実行であり、結果です。

計画どおりに進み、計画どおりの結果を得るためには、幹部や社員たちが計画に沿って具体的に行動しなければなりません。事業が実際にどう展開するか、決めるのは日々のアクションプランに基づいた各自、各部門の行動です。

大事なことは、計画を具体化するために行動指針をまとめ、実行部隊になる社員や社外の関係者などに周知しなければなりません。

その際に、具体的に示す行動指針を**アクションプラン**と呼び、事業計画書に年度ごとにわかりやすく記載します。そのアクションプランに沿った行動ができれば、進捗《しんちょく》状況も結果も、事業計画書に記載されたとおりになります。

実務上、事業計画書を実行するためには、このアクションプランを全社員で共有し、理解し、それに沿って個々の詳細なアクションプランを作り、一丸となって動くことが不可欠です。そして、より具体的に、数値目標も含めて事業計画書を実現していくには、予算管理を実践することが必要ですが、それについては次のＳＴＥＰ ７で説明します。

●アクションプランの立て方

一般的にアクションプランは、事業計画書にまとめた戦略と戦術に関する具体的な施策を時系列に沿ってわかりやすい表現で掲げ、全社員が同じ方向を目指して行動できるように方針を具体的に示すものです。

実際には、２～３年程度の時間軸で設定した中期経営計画を周知し、現場では数カ月程度の短期実行プランを準備して、各担当者が行動しやすいようにします。

中期経営計画のアクションプランは、各年度の具体的な施策に関して優先順位をつけ、その年の目玉になる施策を掲げます。そして、その施策をどんな段取りで何に着手していくのかという大まかな道筋を設定します。

基本的には、事業計画書は単年度計画を記載します。ただ、補足資料として中期経営計画で今後の３カ年計画程度の主な財務数値を示すので、それに合わせて各年度のアクションプランを記載して今後の行動方針を明らかにします。

また、短期実行プランについては、数カ月ごとに具体的なアクションを部門別に細かく記載していきます。

実際に、具体的な行動をするアクションプランは部門ごとにそれぞれ詳細を詰めていくべきですが、事業計画書に個別具体的に書くスペースはありません。全体像が見えにくくなるので、数カ月、半年、1年などの目標期限を設け、その間に何に着手するのか、作業レベルで誰が担当してもわかるように大枠として記載します。

●現場の責任と経営幹部の責任

ところで、アクションプランで時系列をどの程度の幅で設定するかは、ケース・バイ・ケースですが、それぞれのプランごとに計画の進捗を共有しつつ、計画に沿った具体的な行動を円滑に遂行するための方針説明となります。

各現場はアクションプランどおりに施策を遂行することが最重要であり、社員は幹部が設定したアクションプランに沿って行動することを求められます。現場としては、計画どおりに行動が伴っていれば義務を果たしたことになります。

その結果として目標に達するか否かは、社長以下幹部の責任です。つまり、現場がアクションプランどおりに行動したにもかかわらず目標に到達しない場合は、現場の責任ではなく、経営幹部による方向性の設定ミスを問うべきです。

アクションプランは会社全体が同じ方向に向かうという意味での必達目標になるため、

全社一丸となって計画実現に向けて行動する進捗管理を行うものともいえます。

通常は、1年ごとに、それぞれ1年間の中で設定した方針どおりになるための具体的なアクションプランを立てていきます。1年後そうなるために何をするか期限を設けて、いつまでに完了するかを決めます。場合によっては、数カ月、半年でもよいでしょう。

●事業計画書には短い言葉で記載する

事業計画書に記載するのは、標語のように短いわかりやすい文章になるべきですが、それに至るまでには社内で内容を徹底的に議論して、最終的にわかりやすく、かつ短い言葉、短い文章表現になるようにまとめます。

やり方は会社ごとに自由闊達《かったつ》に行えばいいのですが、計画を実現するために何をすべきか、やるべきことをみんなで書き出してみることをお勧めします。

若手の社員であっても、ある程度会社で経験を積んでいれば、自分の会社が何をすべきかについて何らかの意見や考えを持っているはずです。その意見や考えを幅広く社内で集めて、リストアップし、可能であれば外部の人からも参考になる意見や考え方を聞き出すとよいかもしれません。

こうして意見やアイデアをピックアップした中から今後の行動指針になるヒントやアイデアを抜き出し、全社で共有すべきものをアクションプランとしてまとめます。

●計画と実績が乖離《かいり》している場合

実務上、各年度のアクションプランを確実に実行することが重要ですが、現実にはそのとおり行動しても実現できないものも出てくるはずです。

計画と実績は乖離するのが普通です。しかし、それに一喜一憂せず、アクションプランの中で実現できなかったものは、次の改善事項として織り込んで実行すればよいのです。逆に計画が前倒しできたら、追加的な施策を増やして実行していく、計画が頓挫したら次のアクションプランに移るなど、結果を受けてフレキシブルに行動を変えていくことが大切です。行動の先の旗印があれば同じ方向に進めます。

要は、行動指針がないまま、やみくもに行動するよりは、その時点で取るべき行動を示してくれるアクションプランがあるほうが、行動のブレは少なくなります。

もしブレた場合でも、そのときに改善アクションをすれば軌道修正も全員で行えるので、経営のかじ取りで大失敗をせずに済みます。

なお、全体の事業計画書に記載するアクションプランは、3カ年程度の中期経営計画の財務数値のサマリー（売上、利益、総資産、純資産、その他の主な財務項目および関連する主な経営指標のうち各年度のアクションに最も影響するものを厳選して選択）に併記する形にします。

実際の各現場での運用

具体的なアクションプランをいつまでに実行するという実施期間を自社の管理水準の必要に応じて年度、四半期、月次、週次、日次などの単位で設定し、それぞれの期間で何をするかという個別具体的な実施内容を記載します。各現場やプロジェクト単位で、誰が担当責任者で、誰が実施担当者なのかなど具体的な氏名まで役割ごとに記載する例もある。

そして、各年度で会社全体が共有すべき集約したアクションプランを短文でわかりやすく記載し、各部門やプロジェクトごとの詳細なアクションプランは別の資料として作成して各現場で活用します。

アクションプランにまとめる4つの観点

アクションプランの中身をどうするかは会社ごとの行動方針ですから、現場がイメージして動きやすければ、内容は自由です。ただし、どうまとめればいいかわからない場合には、次のようなヒント、考え方でまとめてもらえばよいでしょう。

具体的には次の4つの観点から検討し、目標達成のための重要性に応じて記載すべき内容をコンパクトにまとめていきます。

●観点1　数値的な目標の観点

アクションプランを数値的に記載して目標に設定できれば、最も客観的でわかりやすいことは明らかです。また、競合他社、とくに上場会社が相手であれば、詳細な財務情報が公表されているので、売上をはじめとして利益、利益率、成長率、資産規模、従業員1人当たりの売上や利益などまで判明します。

今後の事業展開によって、どのような成長や利益を確保したいかを検討する際には、それら目標とすべき上場会社の財務数値をキャッチアップできるように、目指す財務数値目標をアクションプランに掲げます。

数値目標は事業の進み具合によって変化していくこともよくあります。なので、一度立てたアクションプランを硬直的に考えずに、事業展開の段階に応じて数値目標を状況判断で切り替えていくことが結果として目標実現を後押しし、成長を促進しやすくします。

事業の創業期から安定するまでは、急成長する可能性があり、またそうありたいものです。したがって、そのような成長段階においては売上や利益などの財務数値の前年対比の伸び率などをアクションプランにすることがベターな場合が多いと思います。

その後、ある程度の安定経営ができるようになると経営の質も大事になってくるので、利益率（利益÷売上）、1人当たり売上高（売上÷従業員数）、流動比率（流動資産÷流動負債）などの伸長率のほか、投資に対するリターン（利益）を今より少しでも増やせるように、ROE、ROA、ROICなどの経営指標（【PART 1】CHAPTER 5参照）の数値を今よりも上げるアクションプランを検討することも必要です。

●観点2　顧客目線の観点

顧客から見て自社のモノやサービスに魅力を感じ、評価してくれる施策を吟味し、取るべき行動方針をアクションプランに記載します。

第1の観点である数値目標を達成するためには、顧客に自社のモノやサービスの継続的な提供が実際にできなければなりません。よって、顧客目線という第2の観点からアクションプランを検討することは、数値目標を達成しやすい経営環境の確保にもつながります。

まず、顧客にモノやサービスを提供する際に主なニーズとして吟味しなければならない内容は、機能性、利便性、トレンド、品質、価格、デザイン、納期（スピード）、ブランドイメージ、期待度、満足度などがあげられます。業績に一番影響するものとしては、品質、価格、納期のバランスだと考えられます。

顧客によって求める品質は全く異なり、価格帯も顧客によって「高い」と思うか、「手ごろ」と思うか、「安い」と思うかはバラバラであり、納期の早さについてもそれぞれの期待度合いは違います。

この3つの組み合わせを間違えると、売れるものも売れません。品質、価格、納期について顧客ニーズを捉え、モノやサービスが最も売れる施策を考えてアクションプランに掲げていくべきでしょう。

自社のモノやサービスに顧客が満足する度合いを高めることができればおのずと売れる頻度が上がり、業績が向上していきます。なので、顧客満足度を向上させる施策を計

モノやサービスを提供する際の3つのポイント

・品質をどの程度のものにするか？
・価格をいくらにするか？
・納期をどのくらいのスピードにするか？

画して、主なものをアクションプランに掲げることも有効です。

顧客満足度をどう見極めるかはむずかしい点もあり、本社側で世の中の動向を分析するだけでなく、各現場でいろいろ工夫して実態調査をして施策をまとめます。

その際、顧客の観点を検討しつつも、4つの観点の中で業績向上に一番重要な第1の観点である数値的な目標にこだわりすぎると、顧客に対する収益性をいかに高めるかというポイントが強調され、損得ばかり考えがちになります。

それは、ある意味で会社として大事なことではありますが、顧客もしたたかで賢いので、モノやサービスを提供する会社が営利を追求している場合は察知され、お金を払って買うべきか、疑心暗鬼になるものです。

いわゆるコスパ（コストパフォーマンス）が悪い会社というレッテルを貼られてしまい、競合優位性を得られないどころか、逆に顧客離れにつながり、業績に悪影響が出てしまい、本末転倒な事態になってしまいます。

●観点3　業務プロセスの改革の観点

売り方を改善、強化・拡充することで儲かる仕組みに磨きをかけるアクションプランを打ち出すことが、業務プロセスの改革という第3の観点として重要です。つまりは、社内業務の改革や営業活動をはじめとした、企画や研究開発から売るまでの業務プロセ

顧客満足度を評価するポイント

会社に対する信頼性、製品に対する満足度、製品イメージ、クレーム対応、顧客ロイヤルティー、ブランドイメージ、リピート回数などがあり、それらを調査して、改善すべき点があるか、追加施策が必要か、競合他社と差別化できる施策があるかなどを吟味して行動方針を決める。自社の利益を上げることに終始せず、まずは顧客がどうすれば満足して買うかを徹底的に考えて実行すべきである。それを徹底すれば利益はついてくる。

スの改善や追加施策を大々的にアクションプランで打ち出します。事業基盤を抜本的に変えて、業界内でも断トツの社内オペレーションを確立して、盤石な競合優位性を確立していく期間と位置づけて目標を立てて実現していく局面もありえます。

事業基盤を固めるときに、自社だけの状況で判断するとバランスを欠きます。競合他社や別の業界でもいいので、必ず参考になる秀でた仕組みを導入している会社を見いだしてトコトン研究したいものです。

●観点4　人材開発の観点

ここまで説明した3つの観点のように業績に直結する効果は少ないといえますが、人材開発という第4の観点は、社長以下幹部が施策を立てて実行すれば、組織全体で人材開発や現状の改善を行えるので、長期的な視点で検討すべきでしょう。

自社の状況として、人材の経験やスキルを向上させないと将来の事業を担う社員が枯渇するおそれがあると判断する場合、または、将来の事業を担う社員が何人かはいるが、会社の事業拡大に人材の数が追いつかないおそれがあると判断する場合などが考えられます。

ほかの3つの観点に取って代わるものにならないとしても、自社にとって重要課題と考えれば、ほかの3つの観点のアクションプランを掲げたうえで、追加的に同時並行で人材開発に関するアクションプランも掲げることもありえます。

やはり、どのようなアクションプランであっても、現場の社員がプランに基づいてしっかり行動できなければ目標を実現できません。「企業は人なり」といわれる所以です。

通常は、自社の現場の社員が行動できるような計画を立てます。ただ、会社の成長が著しい場合は、現場の社員のスキルを大幅に向上させるか、新たにスキルのある人材を大量に採用していかなければ事業と人のバランスを保てず、人材不足が事業の足かせになり、中期経営計画の達成がおぼつかない可能性もあります。

人材開発や必要な人員の手当ては計画達成の重要施策になります。なので、どのような人材が必要であるか質的にも量的にも常に適正な水準を吟味し、早め早めにスキルアップさせ、アクションプラン実現に向けた必要人数を手当てする施策を打ち出す必要があります。

大きな動きが必要な場合、長期的なプランを年度ごとに分割して、アクションプランに織り込んでいきます。

アクションプランを有効活用する

各年度のアクションプランを記載することで、事業に関する計画や戦略と戦術のポイントが具体化して言葉に表現されます。そして、具体的な目標が明確になるので、各現場では実際にそれを達成するために、誰が何をするか個別具体的に洗い出されます。

それぞれがやるべきことを、できる限り具体的に書き出すことで、アクション（行動）がリストアップされます。

その際、リストアップされたアクションは無秩序であり、アクション間の関連性、各施策の優先順位、費用対効果、合理性、実施可能性などがバラバラなので、全体を整理し、体系化してアクションをグループ化して全体のアクションプランと同期させます。

各アクションをどの年度で実行していけば効率的で効果的になるかを考え、事業をしていくうえで最適な順番と時間軸を考えて時系列に並べます。

●アクションプランに記載する留意点

アクションプランを記載していくうえでの留意点がいくつかあります。実際のアクションプランを洗い出すと具体的な施策は複数ある場合が多いと思いますが、リストアップする施策が多すぎると実行が消化不良になり、各施策の実現可能性が低くなります。

したがって、同時並行でできるかを吟味して、各年度で着実に実行できる施策に絞ることが実務的には重要です。

つまり、リストアップされた施策の優先順位を意識して各年度に計画をいかに割り振るかを決め、中長期的ないくつかの計画を一つずつ着実に実現して、会社がステップアップしていく施策作りがポイントです。

なお、計画が実現できたことがわかるように、各施策の内容と結果をまとめることも次のアクションのためにはとても重要なことになります。

●アクションプランの実際例

以上のように、アクションプランを検討しますが、要するに、自社の現状に甘んじずに常に現状の不満足な状況を意識する風土を会社全体に熟成します。**課題設定⇓分析⇓施策立案⇓実行⇓検証⇓改善**を繰り返す会社になれば、継続的にチャレンジし続ける会社に変身していくことができるはずです。

そして、洗い出したアクションプランは、短期間ですべて実行するのはしょせん無理ですが、長期的には必ず行わなければならない検討事項と位置づけるべきです。

ちなみに、アクションプランを検討するうえで、ここまで説明してきた、①数値的な目標の観点、②顧客目線の観点、③業務プロセスの改革の観点、④人材開発の観点という4つの観点が重要です。実際の内容を記載する場合は、経営環境、事業基盤、業績目標の課題に対応するアクションが実務的にイメージしやすいので、最終的には、この3つの課題対応としてアクションプランを掲げたほうがよいかもしれません。

この3つの課題に対応した、**アクションプラン**、**検討課題**、**検討プロセス**の実際例を次ページの表にまとめましたので参考にしてください。

アクションプランの検討プロセスおよび一般的な記載例

区分	アクションプラン例	検討課題と検討プロセス
経営環境	・マーケットシェア ○％に拡大 ・業界第○位を実現 ・顧客数○人達成 ・取引先○社達成 ・代理店、特約店○社組織化 ・○○の開発完了 ・○○の販売開始 ・○○見本市への出展 ・IoT 対応のモノやサービスをリリース ・AI、RPA 導入 ・シェアビネス参入	検討課題 ・市場分析をして現在の自社のシェアを把握し、数年後にどうなりたいかを検討する ・市場全体の伸びと自社の伸びの推移を見比べ変革目標を見定める ・業界への新規参入、退出の動向について情報収集する ・政治、経済、社会、環境、行政などの規制強化や規制緩和の動向をいち早くキャッチして、業界または自社にとってのプラス要因とマイナス要因を分析する ・業界動向は、官公庁が公表している白書や各種研究機関やシンクタンクが発表した統計や資料・データを分析する ・海外情勢も同時並行で情報収集し、自社が取り組む対処すべき課題をタイムリーに把握していく ・国内外の業界主催の見本市やシンポジウムなどへの参加で最新情報を収集する ・競合他社の宣伝や販促活動の効果測定や影響度調査を実施して、自社もキャッチアップすべきか確認する ・モノやサービスの情報だけでなく、技術、設備投資、機械設置、労働力、物流整備、金融手法、PR 手法、外部連携方法などの最新動向と自社への採用の是非も検討する
		アクション検討プロセス ・STEP 2で説明した3C分析や4Pを活用し、プラン実現のための施策を吟味してリストアップする ・マーケットを厳密に把握するのはむずかしい業界もあるので枝葉末節にあまりこだわらずに、主要な動きを大局的に捉え、自社なりの見立てを織り交ぜる気転も必要と考えるべき ・今後の業界動向について、いくつかの団体が異なる数値で発表していることも実務上はあるので、数値の前提条件などを吟味して納得があるもの、またはデータをミックスして自社の分析データとして加工する ・マーケットにおける販売金額の動向が公表されていなければ、業界全体の価格推移、生産量、出荷量、使用量、設置数、許認可枠、会員数、アンケート結果などのデータも駆使する
事業基盤	・特許申請、認可の実現 ・組織の見直し ・従業員数○人確保 ・○○エリアへの進出 ・事業拠点○○の開設 ・販売チャネルの見直し ・仕入ルートの見直し ・外部連携の見直し ・○○工場竣工 （研究所や物流倉庫なども）	検討課題 ・業界の平均や上位会社の内容を調査して変革目標を見定める ・競合他社の分析をして自社が見直すべき事業基盤を検討し、どうあるべきかを吟味する □組織体制、部門の見直し □権限委譲の見直し □人事評価の見直し □予算方針の見直し □人材開発、教育研修に新制度導入 □人員採用計画 □福利厚生や各種インセンティブの制度改革

区分	アクションプラン例	検討課題と検討プロセス
事業基盤	・○○システム導入 ・物流網の変革 （自前増強、委託、共同など） ・○○の事業提携の実現 ・○○の事業分野に進出 ・○○への海外進出実現 ・従業員の定着率○％アップ ・○億円の資金調達実現 （増資、社債、借入など） ・M＆A、事業再編の宣言 （合併、分社、事業統合など） ・株式上場	□本社拡張、拠点、物流網の整備検討 □研究設備の増強 □資金調達、資金運用、資金返済などの計画 ・事業を拡大する際には、経営資源（ヒト、モノ、カネ）や外部連携などの動きがほぼ確実に活発になるので、いかに連動して増減を見立てるか、各施策を打つかが重要になる **アクション検討プロセス** ・マーケティングと財務の観点から自社の事業基盤の現状を見極め、改善ポイントをリストアップする ・SWOT分析なども活用する ・マーケットインまたはプロダクトアウトのいずれの思考で売るためのモノやサービスを見極めていくかを検討する ・生産能力や物流網は整備に比較的時間を要するので、委託ではなく自社で展開するのであれば、設備投資計画は周到に立てるべきである
業績目標	・売上高○億円達成 ・営業利益○億円達成 ・１人当たり売上高○億円達成 ・売上利益率○％達成 ・原価率○％達成 ・研究開発費率○％達成 ・広告宣伝費○億円で販促強化 ・実質無借金経営を実現 ・自己資本比率○％実現 ・ROE ○％実現 ・EBITDA ○億円以上 ・配当性向○％以上の確保 ・CCC ○日に短縮 ・営業キャッシュフロー○億円以上	**検討課題** ・前年対比、計画対比などとマーケット動向を勘案して、説明できないような成長曲線を計画しないよう吟味する ・１年間でできる施策は限りがあるので、会社の体力、実力に応じて、毎年の目標設定を段階的に引き上げていくなどの現実的な達成目標の設定を心がける ・各年度で自社が成長曲線（普及期、成長期、急成長期、安定期、成熟期、衰退期）のどの段階にあるのかを見極めて、伸び率などを無理なく設定する ・売上規模や利益率が異なる場合には必ず部門別に分けて、売上、コスト、利益を集計する。とくに、既存と新規は数値目標を明確に分ける ・損益目標だけでなく、営業キャッシュフローの水準、投資活動や財務活動としてのキャッシュフローの増減も計画する **アクション検討プロセス** ・現状の自社の決算書を徹底分析して、以下を実現できる改善策があるか吟味する □利益金額を多くする案 □利益率を向上できる案 □売上金額を増加させる案 □内部留保（資金力）を増加する案 ・マーケット規模や成長、自社のシェア、業界順位などをよく吟味して根拠のある数値目標にする ・資金調達について、借入、増資、社債などのうちどれがよいかを金利水準、株主構成、キャッシュフロー状況、その他の条件を勘案して決める

仮想アパレル会社のアクションプラン記載例

経営理念	アクションプラン・サマリー（期別重要施策 PT 名ほか）		
	中計１年目	中計２年目	中計３年目
世代を超えてライフスタイルをお手伝いできる企業 **事業コンセプト** お子様からご婦人までクオリティーライフを支える、お手頃な衣類を直接ご提供します	・販売拠点５カ所新店オープン ・首都圏郊外に大型物流倉庫完成 ・社債２億円発行の実現 ・香港で拠点立ち上げ ・自社ネット通販サイト内容刷新 －顧客履歴分析データ －シーン別ラインアップに分類 －食住と自社品のコンセプト提案サイト（自社通販サイトとリンク）	・販売拠点８カ所新店オープン ・ネット販売の売上構成10％以上 ・顧客データから提案型販売開始 ・海外販売の売上構成５％以上 ・東南アジアでの SPA 拠点作り ・EU 男性カジュアルアパレルと提携 ・株式上場の準備開始	・売上高20億円、営業利益２億円達成 ・販売拠点15カ所に新店オープン ・店舗人員100人超達成（アルバイト含む） ・ネット販売の売上構成20％以上 ・海外販売の売上構成10％以上 ・海外 SPA 拠点から国内供給開始

実績・見込み推移表	過去実績：３カ年業績			見込み：中期経営計画		
（単位：千円・百万円）	2018／３期	2019／３期	2020／３期	2021／３期	2022／３期	2023／３期
売上高	1,142,971	1,382,935	1,681,781	1,786,473	1,861,917	2,130,060
売上原価	577,826	683,162	833,243	897,474	952,668	1,080,124
販売費及び一般管理費	431,044	569,371	684,075	761,707	732,835	813,724
営業利益	134,101	130,402	164,463	127,292	176,414	236,212
（営業利益率）％	12％	9％	10％	7％	9％	11％
償却費	23,607	30,808	37,758	36,797	39,688	45,055
支払利息	638	933	1,137	2,402	2,932	3,169
借入金増加・社債発行	16,640	862	1,814	249,369	7,091	303,471
増資	0	0	0	0	0	0
現預金及び現金同等物	296,708	306,920	326,922	381,166	665,288	982,728
営業キャッシュフロー	99,474	110,595	134,931	98,755	212,168	176,403
（キャッシュフロー・マージン）％	9％	8％	8％	6％	11％	8％
投資キャッシュフロー	▲ 62,584	▲ 56,323	▲ 73,145	▲ 245,939	122,790	▲ 57,180
財務キャッシュフロー	▲ 24,226	▲ 44,060	▲ 41,784	201,428	▲ 50,836	198,217
研究開発費	0	0	0	0	0	0
広告宣伝費	52,693	60,941	68,474	71,611	70,937	70,310
正社員数（役員含む）人	23人	30人	41人	43人	44人	52人
パート・アルバイト数 人	23人	25人	27人	26人	32人	72人
人件費（役員含む）	140,111	184,864	230,815	242,033	252,520	285,105
１人当たり売上高	24,847	25,144	24,732	25,891	24,499	17,178
１人当たり人件費	3,046	3,361	3,394	3,508	3,323	2,299
フリーキャッシュフロー	36,890	54,272	61,786	▲ 147,184	334,958	119,223
EBITDA	179,977	167,211	219,571	228,198	236,018	290,902

STEP_7

事業ストーリーを具現化する予算管理のやり方

予算管理で事業計画書が真に経営に役立つ

事業計画書を絵に描いた餅にしないためには、事業計画書に示した計画数値と実績の乖《かい》離《り》を少なくする努力をし続けなければなりません。そのためには、乖離状況をどのように把握して減らすかについて、一定の管理体制を構築する必要があります。

具体的に何をするべきかについてはいろいろな考え方がありますが、予算管理の手法を活用するのがベストと考えられます。よって、本ステップで予算管理の体制作りについての説明をしつつ、事業計画書と予算管理をいかに連動させていくかについても言及したいと思います。

予算管理は目標とする利益を実現させるために、あらかじめ設定した利益の責任単位ごとに推進すべき計画を立案し、計画と実績の比較を行います。それによって明らかとなった差異の原因分析、および改善策を策定して目標利益を実現していく管理手法です。

管理すべきは目標利益であるため、売上の増減だけでなくコストの増減も含めて統制しなければなりません。そして、予算管理によって行動した結果から計画と実績の乖離を把握し、その原因を詳細に吟味し、課題解決の手段を見つけます。そして売上の拡大が必要なのか、コストの削減が必要なのかなどの次の実行プランを立てるべきです。

●月々の予算を編成していく

予算管理をするためには、1年間の事業計画書をベースにして、月々の予算を編成していきます。そのため、月々の積上げとなる12カ月の予算の合計が、年間の計画になるようにしなければなりません。

そうすることで、それぞれの月単位で計画と実績の乖離を把握し、改善点や追加的な措置が検討できるので、事業ストーリーが計画とどの程度乖離しているのかが毎月わかり、しかるべき是正をしていくことができます。

つまり、毎月の予算管理をすることで事業計画書の中身が月単位でチェックされ、必要な軌道修正を図れます。なので、予算管理をしていない会社よりも、1年たったときに事業計画書の内容を実現しやすい会社になることができます。

一方で、月々の予算管理だけだと近視眼的に課題解決していくため、大局的な観点で事業の方向性を検討できないので、1年単位や数カ年単位の課題設定や目標実現のためには、やはり事業計画書が役立ちます。したがって、予算管理と事業計画書は、事業ストーリーを具現化していくための不可欠な両輪といえるのです。

実務上、事業計画書を作ったことのない会社が、外部の人から事業計画書の提出を求められると、事業計画書と予算を関連づけずに作るケースを見かけます。しかし、事業計画書の初年度と年度予算（月次予算の12カ月累計）は、同じ内容でなければ経営判断に活用できず、ミスリードしかねません。

なぜなら、月次予算管理は年度予算を1年後に確実に達成するために展開したものなので、年度予算と事業計画書が連動していなければ事業計画書を達成するための手段にはならないからです。

●予算管理についての見える化

したがって、事業計画書をベースに月次の予算も編成すべきですが、予算においてもすべての事業の流れは、損益計算書、貸借対照表、キャッシュフロー計算書に反映され、事業の活動結果が数値として見える化されなければなりません。

来年の活動予想について見える化をするためには、月次単位でも、予想損益計算書、予想貸借対照表、予想キャッシュフロー計算書を作成・展開して、12カ月の累計が会社全体の年間の事業計画書になる必要があります。

その際に、月次の予算管理についても、事業計画書と同様に、損益計算書、貸借対照表、キャッシュフロー計算書を作って、実績が計画どおりに活動できているかを確認し、その予算・実績の差異分析をしなければなりません。分析結果から次なる改善すべき課題が浮き彫りになり、改善実行策を立て、改善努力していきます。

このことは、月次の**PDCAサイクル**[*24]を回していることと同じであり、期中から月次単位で事業の見直しができるので、期初に立てた年間の事業計画書に近づく改善が日々の行動の中で徐々になされることになります。

1年後の事業活動の結果を実現しやすくなるため、結果として業績達成に向けた進捗《しんちょく》管理ができるようになります。PDCAは、**計画**（Plan）、**行動**（Do）、**確認**（Check）、**指示**（Action）の頭文字を取った用語です。実際に、計画立案（Plan）→計画実行（Do）→差異分析（Check）→改善実行（Action）のPDCAサイクルを回すことで、業務改善を繰り返せる会社になれます。

●中期経営計画の位置づけ

一般的に、事業計画書は1年間を計画します。そして、各年度の事業計画書を時系列に沿って数年間展開した計画を作ると事業の成長性や方向性が見えてきます。その3～5年先までの事業計画書を年度別に展開したものが、中期経営計画になります。

その中期経営計画の初年度として事業計画書があり、その事業計画書の1年間を12カ月

＊24 PDCAサイクル

製造ラインにおける品質管理を構築するために提唱された手法。

Plan　行動する「計画」の策定を意味する。
Do　実際に事業活動をする「行動」のことを意味する。
Check　PとDをした結果の差異を「確認」することを意味する。
Action　差異を是正する必要があれば、「指示」を出すことを意味する。

に展開したものが月次予算となります。計画の実行管理として月次の予算と実績の比較検討、次なる改善策の立案、実行を行い、予算管理を進めます。

実務上は、月次予算を作って活用することが多いのですが、事業の流れが早いため短期間で改善をする必要がある会社や競争関係が激しい業界に所属する会社などでは、週次ごと、日次ごとなど、より小刻みな単位で予算管理をすることもあります。

自社の予算管理を行う設定期間を決めたら、実際に予算を作ることになりますが、以下の３つの方法があります。

１つ目は、社長以下幹部が会社全体のことを考えて作るトップダウン方式の予算管理。２つ目は、各現場の意見を吸い上げた目標数値を積み上げて作るボトムアップ方式。３つ目は、トップダウン方式とボトムアップ方式の双方にメリットとデメリットが実際にはあるので、両方式を併用する折衷方式です。

次に、それぞれの方式を説明します。

中期経営計画と事業計画書および予算の関係

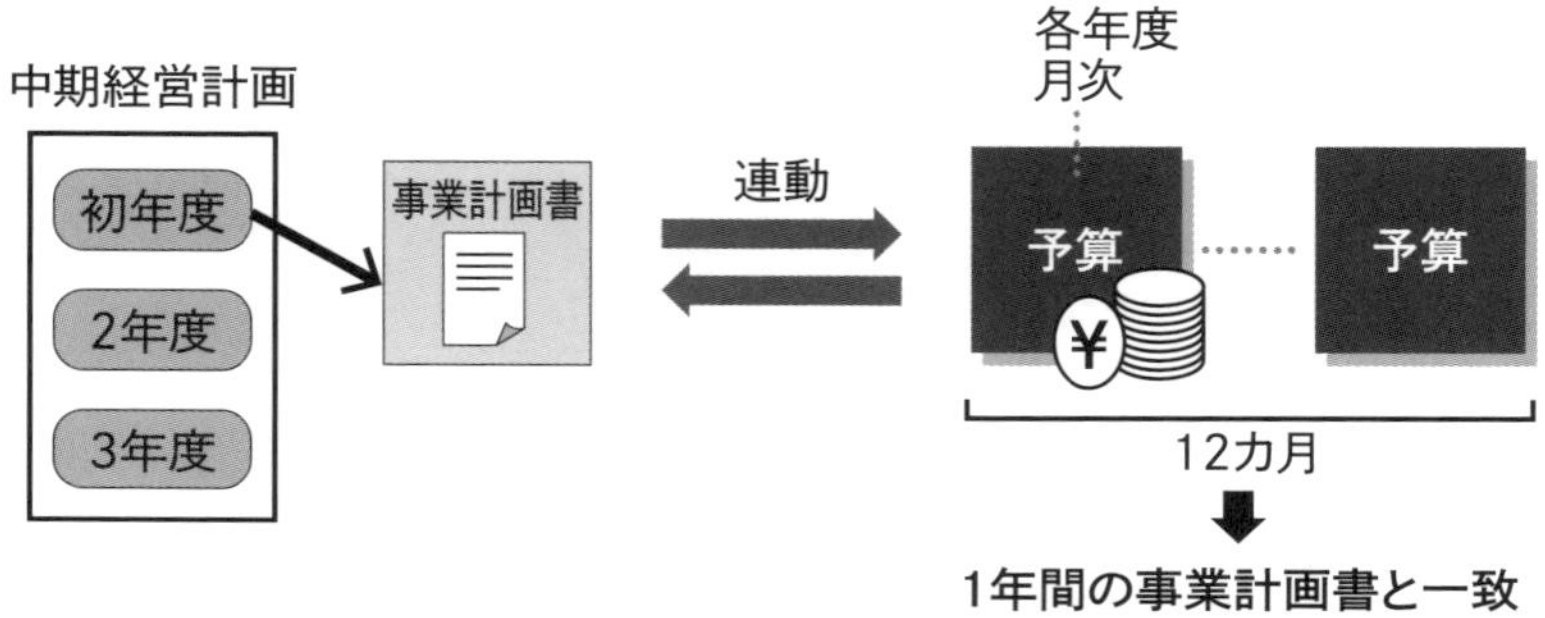

PDCAのベースになる予算の作り方

●社長の希望が出やすいトップダウン方式

トップダウン方式[*25]の事業計画書は、文字どおり社長の意向で作られるため、営業現場の状況が反映されないケースがあります。

社長室や経営企画部など限られた一部の担当者のみで策定されるため、どうしても社長の希望が一方的に前面に出てしまい、現場からすると行動しにくい非現実的な予算になる傾向があります。

したがって、トップダウン方式で予算を作る場合には、営業現場が社長から提示された目標を受け入れやすい体制・実力を強化すべきです。

【トップダウン方式が機能しやすい例】

▽会社に勢いがある場合や、景気がよい場合、営業現場は目標を結果的に達成しやすいため、社長のリーダーシップが認められ、求心力を維持しやすい。また、社長が真に経営者として資質があると社員にも認められている会社は、現場との信頼関係が生まれやすく、多少無理があっても計画達成に向けて一致団結しやすい組織になり、トップダウン

＊25 トップダウン方式

上意下達により経営トップ層から現場に指示を出すこと。会社の事業展開の方法論が確立していて、１人でも多くの従業員が会社の意をくんで動けるようにすることで収益の最大化を図ることができる業種業態（スーパー、ファストフード、小売業、飲食業など）の場合になじむやり方といえる。

方式が現実的に機能しやすくなる。

▽社長の指示どおり動けば業績達成しやすい事業もある。その場合、トップダウン方式で事業計画書や予算を作っても営業現場がコミットメントできる目標になりやすく、計画どおり事業を展開し、予算管理も行える可能性はある。

たとえば、アルバイトを主な戦力にして、多店舗展開している飲食店や小売業、非正規労働者の多いメーカーの生産ラインの現場など。目標を本人たちに作らせることは困難なため、社長以下幹部が時間単位や日次単位で現場のすべての行動目標を立てる。各人がマニュアルやベテランの指示どおりに動けば一定の成果を上げられるため、トップダウン方式が合っている。

【トップダウン方式が機能しにくい例】

▽会社に勢いがない場合や景気が悪い場合には、無理な目標を与えられると、営業現場は計画を達成することがむずかしくなる。計画実現が遠い目標になると各担当者は自分の報酬を下げられるのではと不安になり、営業現場のモチベーションが下がり、会社への帰属意識が下がる。無理難題を押しつける社長の求心力も次第に落ちていく。

いえます。

●現場の希望が出やすいボトムアップ方式

ボトムアップ方式[*26]の予算は、現場の社員自らが作るので実行可能なものになりやすいといえます。

傾向としては、現場担当者が前年の取引実績や得意先の状況を反映して、自らが無理なく動けるイメージを持って作り、実践する前から予算達成できる見込みを持っている可能性が高い場合には、ボトムアップで予算集計しやすいといえます。

しかし、結局は社長の意思は反映されずに、あまり無理をしない各現場の勝手な予算が出される傾向があるため、社長の想定する目標数値よりもかなり低く設定される可能性が高くなります。

これでは、競合他社と伍《ご》していける可能性は減り、結果として、社長が思い描いたような会社の成長性が十分見いだせないおそれがあります。

【ボトムアップ方式が機能しやすい例】

▽現場の各チームがプロフェッショナルの意識と実力を持って行動できる場合は、会社のために自分たちが何をすべきかをわきまえている。最大のパフォーマンスを発揮できる戦略と戦術を立てて予算を作るため、会社に貢献できる可能性が高くなる。そのうえで、達成に対する業績評価をしっかり会社として行えば、自律的に前向きな予算を作り、さ

＊26 ボトムアップ方式

現場ごとに自らの予算を組み、提出されたものを積み上げ、会社全体の予算を作る方式。営業現場が会社の経営理念を理解し、自分たちの働きで会社の事業展開がうまくいくことを信じ、会社と十分な信頼関係を築けていれば、ボトムアップで事業計画書を作っても、社長も納得したうえで計画数値どおりの事業展開ができる可能性が高い。

らなる努力を進める組織になりやすい。

▽社内に同じような営業機能を持つチーム、部門をいくつも並列させて、それぞれが目標を立てる。達成度合いに応じて業績が評価され、昇進や昇給が行われ、各チーム、部門がお互い切磋琢磨しやすい。現場で予算を作っても常に上昇志向の中で120%の努力をする可能性がある。現場が十二分に働く一方で、成果第一になる傾向があり、コンプライアンスや顧客満足度に課題が生じることもあるので、その点は十分に留意。

【ボトムアップ方式が機能しにくい例】

▽営業担当者が目標数値の達成度を基準に人事評価される会社では、営業担当者は目標数値を低く抑えれば、無理なく目標を達成でき、人事評価がよくなるので、常に無理しない予算を作ろうとする可能性がある。

▽会社全体で経営理念や事業ストーリーを共有できていない会社では、会社として現場がどうすべきかを十分説明できないため、現場側のご都合主義がまかり通る傾向がある。各現場の予算を積み上げても、その合計数値は社長が望む事業計画書の数値目標にとうてい達せず、現場に再考を促しても、「もうこれ以上は無理です」と理屈を並べられ、結局何も解決できない会社になり下がる。

このようにボトムアップ方式で作る予算は現場として実行可能性が高い半面、常に実力以下の目標が設定されてしまうリスクもあるので、せっかく人員を確保しても実力を出し切ってもらえない会社になってしまいます。

結果として事業計画書と連動しない数値目標になりがちなので、予算を作る際には十分実力を発揮してもらえる内容になっているか、会社全体の目標と合計で一致するか確認することが必要です。

●トップダウンとボトムアップの折衷方式

ここまで説明したとおり、トップダウン方式もボトムアップ方式もそれぞれ一長一短があるため、予算作りをどうするかは悩みどころです。そのため、トップダウンとボトムアップの折衷方式があり、実務上はこの方式を採用するのが無難といえるでしょう。

両方の方式を融合させたものなので、双方のデメリットを極力排除し、メリットを生かすことができます。

まず、トップダウンの売上目標を営業現場に提示し、それを把握しつつ営業現場の意思を反映したボトムアップの売上目標を計画します。トップダウンとボトムアップの売上目標には当然のことながら乖離が生じるので、その差をどう埋めるかを経営企画（管理）部門が調整して、会社全体の予算を練ります。

社長以下幹部の意見と営業現場の意見を双方検討して時間をかけて歩み寄らせ、一定の合意を得るまでトコトン話し合うため、実行可能性が高くなります。

社長の意向をしっかり伝え、現場側として多少無理があるものの達成可能性もあると腹落ちするレベルで折衝できれば、社長のひとりよがりな目標や現場だけで作る控えめな目標という結論になることはないでしょう。

状況変化に応じて予算を見直す

予算を作成したあとに、見込んでいなかった大きな状況変化が生じた場合は、躊躇《ちゅうちょ》なく予算を見直すことは社長の経営判断としてあるべきです。そうすることで、大きな失敗を回避する、あるいは変化に対応できる会社になっていきます。

この考え方はPDCAの考え方にも当てはまります。PDCAプロセスとして、計画を立て（P）、それに基づいて実

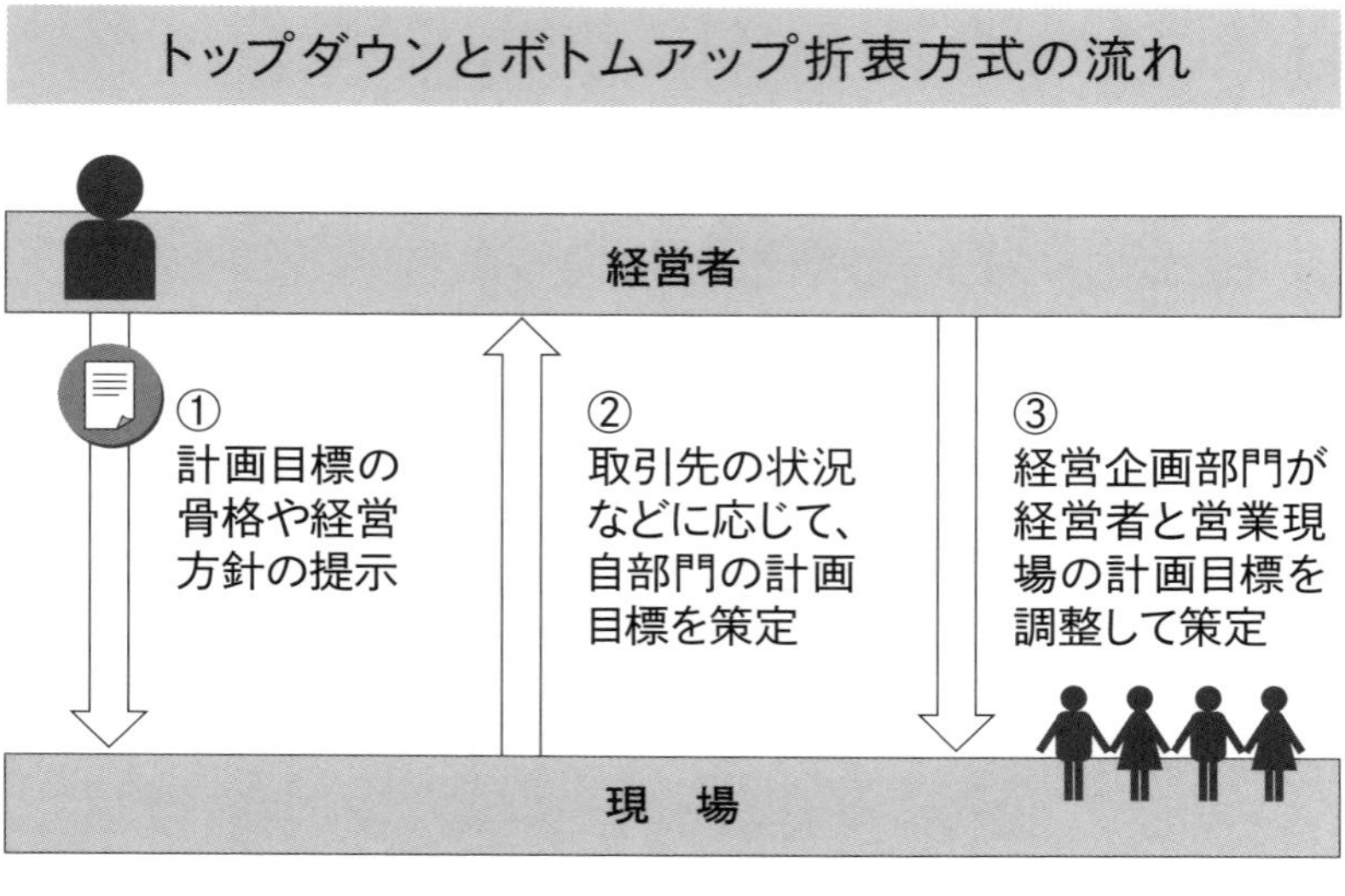
トップダウンとボトムアップ折衷方式の流れ
経営者
①
計画目標の骨格や経営方針の提示
②
取引先の状況などに応じて、自部門の計画目標を策定
③
経営企画部門が経営者と営業現場の計画目標を調整して策定
現　場

行し（D）、行動結果を確認して、改善点を特定します（C）。そして、次の具体策を指示すること（A）を繰り返すため、将来の事業ストーリーの実現に近づきやすくなるはずです。目標実現のための朝令暮改は悪くはありません。

このPDCAサイクルを短期間に各現場で行うことができれば、会社全体が自律的に事業ストーリーの実現に向かって動きやすくなります。

実際に、事業の先を読むのはむずかしいものです。しかし、どんなに先が読めない不透明な経営環境でも、自信を持って事業展開を進めなければなりません。そのための処方箋として予算管理を徹底し、PDCAサイクルを回すという流れを繰り返す必要があります。早い段階で計画と実績の大きな乖離について問題が表面化する前に改善策を考え、その策を実行することで、事業ストーリーの実現を図るべきです。

このように、事業の管理手法としてPDCAサイクルを回せるようになれば、既存の事業だけでなく、新規事業に進出する場合でも、リーン・スタートアップ（72ページ参照）を取り入れながら、事業リスクを最小限に抑え、一定の経営の成果を上げやすくなります。

つまり、PDCAとリーン・スタートアップにより、新規事業について仮説検証を繰り返して軌道修正をし、大きな判断ミスをしないように事業を進めます。すると、小さな失敗を積み重ねながらも改善活動が実を結び、自社の事業として定着する方向に近づきます。そして、PDCAを繰り返すうちに、大きな失敗に発展すると判断すれば傷の浅いうちに撤退することで、会社の存亡に関わるような事態にはなりません。

上手な予算管理が事業計画書の実現に役立つ

上場会社でも当初公表した業績予想と現実が大きく乖離し、とくに実績が予想よりも大幅に下回った場合には、投資家やマスコミから痛烈に批判されます。ましてや未上場の会社が自社の業績を予想するのは大変なことです。

しかし、業績予想をしっかり行い、毎月の予算管理を徹底してＰＤＣＡを行うことの重要性は前述したとおりです。とにかく、予算を作るスキルを向上させつつ、毎月のＰＤＣＡを徹底して行い、少しでも業績予想能力を高め、業績修正などがなるべく発生しない経営体質を目指す必要があります。

なかなか予算と実績の乖離が縮まらない会社は、内部的には週次や日次などのより細かい予算管理単位でＰＤＣＡサイクルを回し、常に改善努力する組織にしていくべきです。

予算管理をきちんと行ったうえで、予算と実績の乖離が少ない会社の姿を日ごろから見せることができれば、仮に一時的に業績が悪化して乖離幅が大きくなったとしても、理由と改善策をきちんと説明すれば、結果的に問題視されない会社になれます。

業績の予想と実際が乖離する許容範囲

上場会社に求められる業績修正のルールが参考になる。
・業績予想と実績が売上で±10％以上の乖離
・利益（営業利益、経常利益、当期利益のいずれか）で±30％以上の乖離
これらのいずれか１つでも該当すれば、その事実が判明した時点で速やかに業績修正を公表する義務がある。

もちろん、次のようなあまりよくない業績修正の例もあります。

たとえば、対外的に公表した業績予想が社内的にはオーソライズされていないケースです。対外的に公表した業績予想とは別に、実際の予算は社内だけで活用するものが存在していて、実際には社内用の予算に沿って予算管理するチグハグな会社です。

なぜそのようなことが起こるかというと、会社が大きくなると組織が縦割りになるためです。中期経営計画や事業計画書は社長室や経営企画部が策定し、予算管理は実績との比較を伴うため、財務経理部や主計チームが現場と打ち合わせや調整をしながら別に作るという事態が生じます。社内目標が高いのはギリギリ許されますが、逆はありえません。

やはり、対外的な業績予想は内部で扱う実際の予算と合致することが大事であり、大本営発表のような現実とかけ離れたバラ色の高い目標を世の中に公表することは、自分で自分の首を絞めるようなものなので、絶対に慎しむべきです。

予算管理で実現に向かう事業ストーリー

実際の事業が事業ストーリーどおりに進捗しているかを、できるだけ小まめに管理する必要がありますが、日次とか週次で管理するのは煩雑で現実に対応できない会社も多いと思います。したがって、原則として月次で最低限行えるようにすべきでしょう。

たとえ月次単位であっても初めのうちは、予算・実績の差異は大きいはずです。それでも毎月の進捗状況を繰り返し確認して、生じた差異に迅速に対応し、手探りで改善案を毎回模索する必要があります。慣れることが大事です。

そうすることが、乖離を把握し、その幅を徐々に縮小していくコツであり、その地道な努力が予算管理を定着させるためには不可欠なのです。

実務上、状況判断をして毎月の月次予算をそれぞれ組み、それらを12カ月積み上げて1年間の事業計画書を作ります。中には、年度予算を単純に12等分して各月同じ予算にする会社があります。

しかし、毎月同じ売上になる事業展開は現実的ではなく、各月の経営環境を反映させるべきでしょう。モノやサービスの特性や得意先の購買動向から生じる季節的変動、得意先の経営事情、一定時点における国内外の経済状況などを吟味して、月々の売上を現実の動きに合わせて増減させることが大切です。

季節的変動を織り込むには、過去3～5年程度の同じ月の実績を調べ、ある年度特有の要因は排除したうえで、その月の数年間を平均した月間売上を算出し、各月の傾向を把握して月次予算の売上を算出します。そして、月ごとに分析した傾向を織り込んだ月次売上をもとに、最近の経営環境のよしあしから見た増減率を加味し各月の予算を決定し、それぞれの月次予算を12カ月累計して年間予算を作ります。

なお、経営環境は毎年刻々と変わるものなので、過去の季節的変動が業績予想として当てはまらないこともあります。とくに、技術革新が著しい業界や競争が激しい業界では過去の現象は参考にならないケースのほうが多いかもしれないので留意すべきです。

そういった場合は、過去の動向とは無関係に現実を直視して業績予想をする努力が必要です。直近の経営環境を分析して、今後の季節的変動を読み取り、それを予算に織り込んで行動することで、乖離幅を大きくしない努力が必要です。その際の経営環境の分析把握は、ＳＴＥＰ ２をもう一度参照してみてください。

以上、７つのステップの説明をしてきました。ここから先、読者の皆さんは7つのステップを反映した事業計画書を作って、実務でも徹底活用してください。そして、会社の今後のストーリーを内外できちんと語れる経営者が1人でも多く増えることを期待します。

最後に次ページ以降で、本書で解説した事業計画書のフォーマットを掲げておきます。実際の事業計画書を作成する際の下書き用としてご利用ください。拡大コピーなどをして紙面を大きくすると、使いやすくなります。一般的に多いのは、Ａ４判サイズです。

さあ、実際に事業計画作りを始めてみましょう！

事業計画書のフォーマット例

会社名	
本社所在地	
連絡先	
代表者名 (生年月日、略歴など)	
経営幹部 (生年月日、役職、略歴など) ※ COO、CFO、CTO 主要事業責任者ほか	
組織体制	
主な事業内容	
創業経緯・理由	
存在意義	
経営理念 ※趣旨も補足説明	
事業コンセプト (Who、What、How)	

マーケット動向 (件数・規模など)	急拡大、堅調、横ばい、縮小／国内、アジア、EU、米国 （　現在　　　　　／　潜在需要　　　　　）	
顧客ターゲット (対象とした理由)		
競合状況 (優位性、特色、課題)	無　・　有　／内容：	
代替状況 (概要)	無　・　有　／内容：	
事業リスク (具体例) (対応策)	ガバナンス、ヒト、モノ、カネ、IT、技術、連携、法改正ほか（　　　　　　　）	
SWOT 分析	強み　Strengths 〔留意点〕	弱み　Weaknesses 〔留意点〕
	機会　Opportunities 〔留意点〕	脅威　Threats 〔留意点〕

仕様・特徴 （概要）	ハイエンド・汎用品・ローエンド
価格施策／納期 （概要）	高額、標準、割安、激安　／　長期・通常・短期・最速
新企画状況	
研究開発活動の状況	
外部提携 ・　有　・　無 ・　時間軸	
仕入・供給ルート	自社　・　委託　／具体名：
製造・外注ルート （概要）	
販売ルート （概要）	自社　・　委託　／具体名：
販促・PR	直販、紹介、ネット、TV、ラジオ、新聞、チラシ、DM、モニター、展示会、ショールーム、店頭、ディストリビューター、試供
独自性 （ユニークさ）	
事業の成長性	
事業の合理性	
事業の実行可能性	
成功ポイント（KFS）	
優先課題	ヒト、モノ、カネ、IT、技術
主な知的財産・商標権 （概要、特許番号）	自社・外部
過去のメディア掲載など	

経営理念	アクションプラン・サマリー（期別重要施策 PT 名ほか）		
	中計1年目	中計2年目	中計3年目
事業コンセプト			

実績・見込み推移表 （単位：千円・百万円）	過去実績：3カ年業績			見込み：中期経営計画		
	／ 期	／ 期	／ 期	／ 期	／ 期	／ 期
売上高						
売上原価						
販売費及び一般管理費						
営業利益						
（営業利益率）%						
償却費						
支払利息						
借入金増加・社債発行						
増資						
現預金及び現金同等物						
営業キャッシュフロー						
（キャッシュフロー・マージン）%						
投資キャッシュフロー						
財務キャッシュフロー						
研究開発費						
広告宣伝費						
正社員数（役員含む）人						
パート・アルバイト数 人						
人件費（役員含む）						
1人当たり売上高						
1人当たり人件費						
フリーキャッシュフロー						
EBITDA						

参考文献

『実践　事業計画書の作成手順』新日本監査法人 事業開発部／中経出版
『A３一枚でつくる 事業計画の教科書』三浦太／あさ出版
『競争の戦略』マイケル・E・ポーター／ダイヤモンド社
『経営戦略を問いなおす』三品和広／筑摩書房
『経営戦略の教科書』遠藤功／光文社
『ドラッカー名著集２　現代の経営［上］』P・F・ドラッカー／ダイヤモンド社
『ドラッカー名著集３　現代の経営［下］』P・F・ドラッカー／ダイヤモンド社
『ビジョナリーカンパニー』ジェームズ・C・コリンズ、ジェリー・I・ポラス／日経BP出版センター
『プロフェッショナルマネジャー』ハロルド・ジェニーン／プレジデント社
『ビジネスモデル・ジェネレーション』アレックス・オスターワルダー、イヴ・ピニュール／翔泳社
『リーンスタートアップ』エリック・リース／日経BP社
『新規上場ガイドブック』東京証券取引所
『社会に期待されつづける経営』新日本有限責任監査法人（編）／第一法規
『内部統制の実務がよくわかる本』新日本監査法人　事業開発部／中経出版
『監査実務指針集』日本公認会計士協会（編）／日本公認会計士協会出版局

成功《せいこう》へのストーリーが見《み》える、伝《つた》わる！
事業計画書《じぎょうけいかくしょ》のつくり方《かた》

著　者——三浦　太（みうら・まさる）
発行者——押鐘太陽
発行所——株式会社三笠書房
〒102-0072 東京都千代田区飯田橋3-3-1
電話：(03)5226-5734（営業部）
　　：(03)5226-5731（編集部）
http://www.mikasashobo.co.jp
印　刷——誠宏印刷
製　本——若林製本工場

編集責任者　清水篤史
ISBN978-4-8379-2770-9 C0030